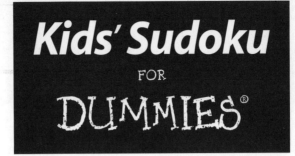

Kids' Sudoku
FOR
DUMMIES®

by Andrew Heron

BICENTENNIAL
1807
WILEY
2007
BICENTENNIAL

Wiley Publishing, Inc.

Kids' Sudoku For Dummies®
Published by
Wiley Publishing, Inc.
111 River Street
Hoboken, NJ 07030-5774
www.wiley.com

WILEY

Publisher's Acknowledgments

We're proud of this book; please send us your comments through our online registration form located at www.dummies.com/register/.

Some of the people who helped bring this book to market include the following:

Acquisitions, Editorial, and Media Development

Project Editor:
Laura Peterson Nussbaum

Acquisitions Editor: Tracy Boggier

Editorial Manager: Michele Hacker, Carmen Krikorian

Media Development Associate Producer: Richard Graves

Editorial Assistants: Erin Calligan, Joe Niesen, Leeann Harney, David Lutton

Sr. Editorial Assistant: Cherie Case

Cartoons: Rich Tennant, www.the5thwave.com

Composition Services

Project Coordinator: Kristie Rees

Layout and Graphics:
Lauren Goddard, Brooke Graczyk, Denny Hager, Stephanie D. Jumper, Erin Zeltner

Proofreader: Brian H. Walls

Publishing and Editorial for Consumer Dummies

    Diane Graves Steele, Vice President and Publisher, Consumer Dummies

    Joyce Pepple, Acquisitions Director, Consumer Dummies

    Kristin A. Cocks, Product Development Director, Consumer Dummies

    Michael Spring, Vice President and Publisher, Travel

    Kelly Regan, Editorial Director, Travel

Publishing for Technology Dummies

    Andy Cummings, Vice President and Publisher, Dummies Technology/ General User

Composition Services

    Gerry Fahey, Vice President of Production Services

    Debbie Stailey, Director of Composition Services

Table of Contents

Introduction

There is no doubt about it: Sudoku is simply the coolest puzzle.

Did you know that our ancestors — from before history began — had very similar puzzles? They were called *magic squares,* and archeologists have found an example that was buried in China nearly a thousand years ago.

Solving the First Puzzle

Sudoku is a numbers puzzle made up of squares. In some of the squares are clues, and you have to figure out which numbers go in the rest of the squares. You don't need to use math to do sudoku — you just have to use logic to find where the numbers go in the puzzle. Once you get started, though, you won't want to stop! Sudoku is lots of fun!

About This Book

In Chapter 1, I show you how to figure out a sudoku puzzle — there are only a couple easy rules. No problem! And when I give you a special tip or something that's important to remember, I stick a little icon next to the sentence:

When you see this icon, you'll know I'm giving you some hints and shortcuts to help you solve sudoku puzzles faster.

This icon means that I'm telling you an important rule that you need to remember.

The puzzle section has 200 fun puzzles in three different sizes for you to try. Some are easy and some will make you put your thinking cap on your head! You can tell how hard a puzzle is by how many pencils are below it:

are the easiest puzzles. I only give you a few of these for practice — you'll be ready for the harder puzzles in no time.

are still pretty easy, but need a little more sleuthing on your part.

will make you use your logic skills a little more, but you won't have any problem.

are pretty tough. You better sharpen your pencil.

are downright hard. Go find your thinking cap, get your favorite eraser, and get ready for battle! But I have no doubts that you'll conquer each one of these beasts.

Part I
Sudoku Strategy

In this part . . .

All you need to do sudoku is a sharp pencil, an eraser, and a little bit of logic. In this part, I give you some tips and strategies for solving sudoku faster. You'll be a whiz in no time!

Chapter 1

One, Two, Let's Sudoku

This chapter gives you everything you need to know to solve the three different types of puzzles in this book — 4×4, 6×6, and 9×9 puzzles.

Basic Rules for 4×4 Puzzles

The easiest sudoku are 4×4 puzzles. They are good for telling you about the basic sudoku rules. Figure 1 shows a 4×4 puzzle.

Each 4×4 puzzle has four *columns* (which go up and down) of four squares, four *rows* (which go across) of four squares, and four *boxes* of four squares (see Figure 2).

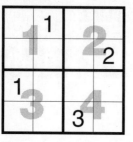

Figure 1: A basic sudoku grid.

All you have to remember to solve sudoku are these two simple things:

- You have to put all the numbers 1 through 4 in each column, each row, and each box.

- You can only use each number one time in each row, column, and box. Pretty obvious, huh?

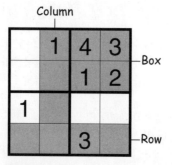

Figure 2: See the rows, columns, and boxes?

Each puzzle has a bunch of clue numbers to help you get started. All you have to do is to figure out which numbers are missing in each row, column, and box.

Take a look at the sudoku puzzle in Figure 3.

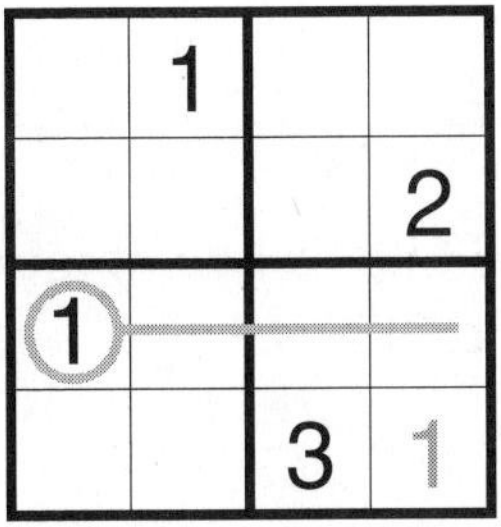

Figure 3: Solve for the number 1.

The circled number 1 in the third row stops any other 1 from going in that row. So if you want to put a 1 in box 4, there's only one square to put it in.

Now look at Figure 4. Can you see where a 1 should go in box 2? There's only one place for it to go — in the second row. Now, it is easy to see where the 3 will go in box 2 as well — in the last column.

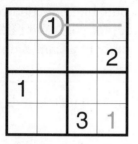

Figure 4: Solving box 2.

After you've solved one or two numbers, all the others will fall into place. See if you can solve the rest of the squares in the puzzle.

Just remember that if a number is in a row, it will also be in a column and a box, so it cannot be in any one of them again. Figure 5 shows you the completed puzzle.

2	1	4	3
3	4	1	2
1	3	2	4
4	2	3	1

Figure 5: Solved!

Step It Up with a 6×6 Puzzle

The next step up is 6×6 puzzles. You use the same rules as with 4×4 puzzles, but this time, you have to figure out where the numbers 1 to 6 go in each row, column, and box. Ready to solve one?

Check out the sudoku in Figure 6. You can see that there is already a 1 in the top row, so you know that there cannot be a 1 anywhere else in that row. There is also a 1 in the last column, stopping any more 1s in that column. Now you can see that there is only one square left where a 1 could go in box 2. There you are: You've solved your first number!

A tip about sudoku is that you are usually figuring out where a number cannot go rather than where it can go. But if you know where it can't go, you only have a few places left where it can go, and sometimes there is only one square left — which means that you have solved that square!

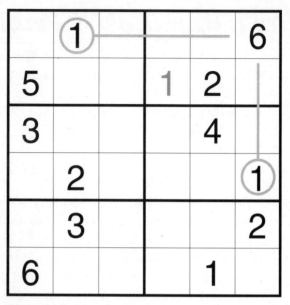

Figure 6: Solving for 1 in box 2.

Now try to find where the 1 goes in box 3 in Figure 7. The 1 in row 4 stops any 1s from appearing anywhere else in that row. So you know that the 1 in box 3 can't go in the bottom row. You can also use the 1 in row 1 again to say that no 1 can show up in the second column of box 3. This is great because it leaves only one square available for the 1 in that box. And another number bites the dust.

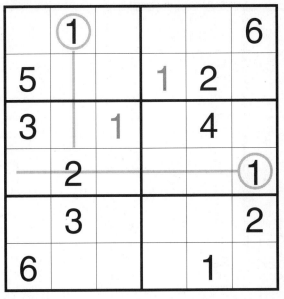

Figure 7: Solving your second number.

I can see another easy number to solve like this in Figure 8: The 2 in the last column stops another 2 appearing in that column, and the 2 in row 4 means that the only place for a 2 in box 4 is in row 3.

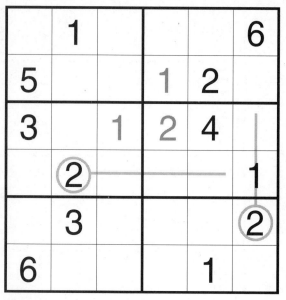

Figure 8: Taking care of the 2.

Now you've solved two squares in row 3 — it's starting to fill up. Only two more numbers are left to be solved: a 5 and a 6. Take a look at Figure 9. Hmm. You have two possible numbers for two different squares.

It helps to write these *possibles* in each square so that you remember what your choices are. But make sure you use a pencil so that you can erase the possibles when you solve the square.

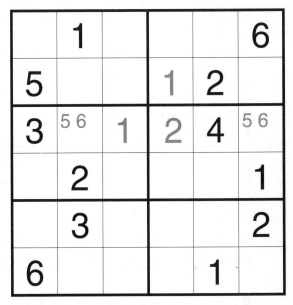

Figure 9: Penciling in your possibles.

But now take a closer look at the puzzle in Figure 10. Can you see why the last square in row 3 cannot be a 6? Yes, there's already a 6 in that column. And if that last square can't be a 6, then you know it's a 5 because that's your only other option.

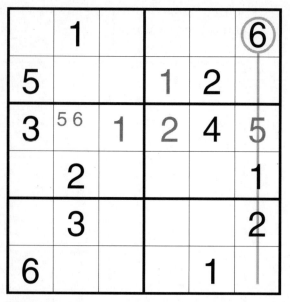

Figure 10: Getting rid of extra possibles.

It follows that if the last square is a 5, then the other empty square in that row is the only number left, which is a 6 (see Figure 11). You've now solved a whole row and some of the boxes are beginning to fill up!

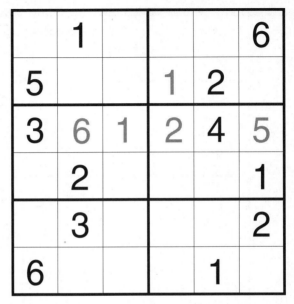

Figure 11: Finishing up a row.

In Figure 12, can you see where the 5 should go in box 3, now that you've figured out the 6 in that box? When you find the place for that 5, only one square in that box is left to solve, and you only have one number left in the set of six numbers: a 4.

No more hints from me now. There are plenty of clues for you to finish this sudoku pretty quickly on your own.

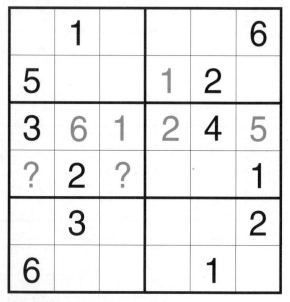

Figure 12: Wrapping up a box.

Hitting the Top: Solving 9×9 Puzzles

The most common sudoku size is the 9×9 puzzles. They use the same rules as 6×6s and 4×4s, just with the numbers 1 to 9.

Because 9×9 puzzles are bigger, one of the best ways to start solving them is to block off part of the puzzle so that you can focus on a smaller part. Then try to solve by comparing rows or columns to each other. Take a look at Figure 13. I covered the first six columns of the puzzle with a piece of paper so that I can focus on solving box 6.

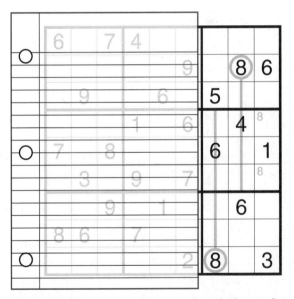

Figure 13: Cover part of the puzzle to help you focus.

Can you see the 8 in box 3 and the 8 in box 9? But there's no 8 in box 6. Hmm. Let's try to figure out where the 8 goes. The 8 in box 3 means that an 8 can't go anywhere else in column 8. The 8 in box 9 means that an 8 can't go anywhere in column 7. So now you know that the 8 in box 6 has to go in column 9. But you don't know yet which square the 8 goes in, so pencil in a little 8 in both squares to show that it could go either place.

Now try taking your sheet of paper away to see if you get any more clues from the rest of the puzzle. Figure 14 shows another 8 in row 5, but it doesn't help you figure out where the 8 goes in box 6.

So now what do you do? If you get stuck in a certain part of the puzzle, and you can't find any more obvious numbers to solve, look for *possibles*. These are all the numbers that could possibly go in a square.

You can find the possibles by looking at one square at a time and asking yourself "Can number 1 go here?" Then look around at all the other clue numbers and solved numbers to see if there's another 1 in the same row, column, or box as the square you're looking at. If not, then you know that 1 is a possible for that square and you can pencil a little 1 in the corner of the square. Then go to number 2 and ask, "Can number 2 also go in this square?"

Keep asking this question for all the numbers from 1 to 9 and then go on to the next square and ask the same questions again. Pretty soon you'll have all the possible solutions to a section penciled in. I've filled in all the possible numbers for box 6 in Figure 15.

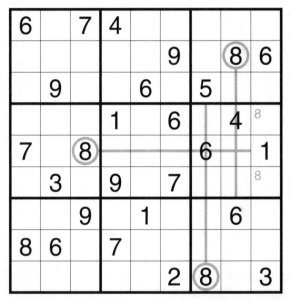

Figure 14: Pull the cover away to find more clues.

Sometimes you'll find that only a single number can go in the square — that means that's the answer to the square! Look at the bottom left hand square of box 6 in Figure 15, and you can see that the only number that can go into that square is a 2. You didn't have any clues around in the rows or columns that showed you that 2 is the solution to that square. It was only by getting rid of all the other options that you discovered that 2 goes in this square. In sudoku talk, this discovery of a number is called a *lone number*.

6		7	4					
					9		8	6
	9			6		5		
			1		6	37	4	78
7		8				6	23 59	1
	3		9		7	2	25	258
		9		1			6	
8	6		7					
					2	8		3

Figure 15: Finding all the possibles.

But wait — solving the number 2 in box 6 lets you figure out some other things too. Because you've already solved the 2 in box 6, no other 2 can go there, so you can cross out all the other possible 2s in the box. Figure 16 shows you the new box with the 2s gone. But wait, to the right of the solved 2, you can see that the 5 is now on its own — another lone number solved.

6		7	4					
					9		8	6
	9			6		5		
			1		6	37	4	78
7		8				6	3 59	1
	3		9		7	2	(5)	58
		9		1			6	
8	6		7					
					2	8		3

Figure 16: Getting rid of the extra 2s.

Do you know what that means? You can take out all the other possible 5s in the box and that leaves the 8 on its own in the bottom right square. (Take a look at Figure 17.) You know what that means now, right? Take out all the other possible 8s, leaving a lone 7 in the top right square of box 6. You can keep going, getting rid of options to find new lone numbers. Before long, you'll have the whole box solved!

I hand the puzzle in Figure 17 over to you for solving as far as you can, using the techniques and strategies you've picked up so far.

6		7	4					
					9		8	6
	9			6		5		
			1		6	37	4	78
7		8				6	3 9	1
	3		9		7	2	5	8
		9		1			6	
8	6		7					
					2	8		3

Figure 17: Solve the rest of the puzzle yourself!

Part II
Sudoku Puzzlemania

The 5th Wave   By Rich Tennant

In his later years, Captain Hook gave up on chasing Peter Pan and took up sudoku puzzles.

In this part . . .

If you're looking for some puzzle-solving fun, this is the part for you. I've included 200 puzzles for you to have fun with. Start with the first one if you want an easy puzzle, or jump in at the end if you're feeling like a sudoku master. Either way, I wish you luck and happy solving!

Part II

Puzzlemania

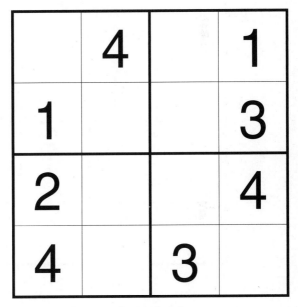

Puzzle 1

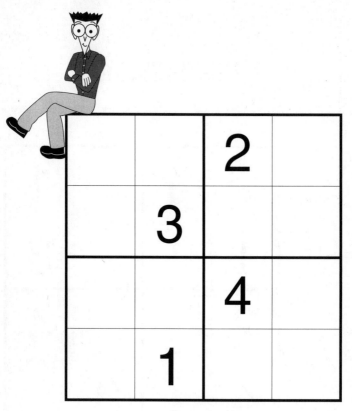

Puzzle 2

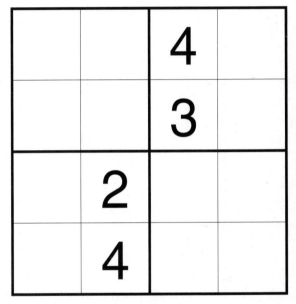

Puzzle 3

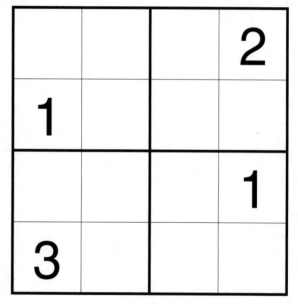

Puzzle 4

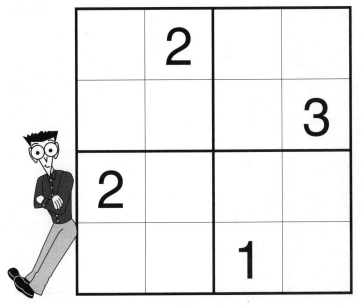

Puzzle 5

Puzzle 6

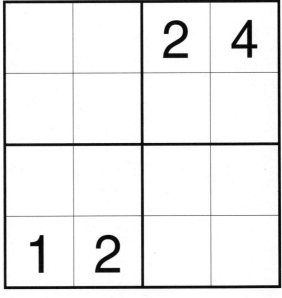

Puzzle 7

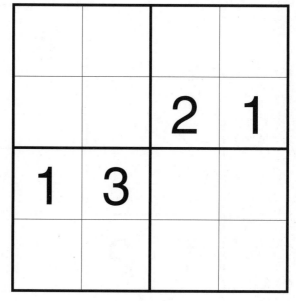

Puzzle 8

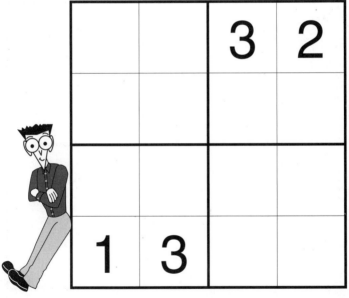

Puzzle 9

Puzzle 10

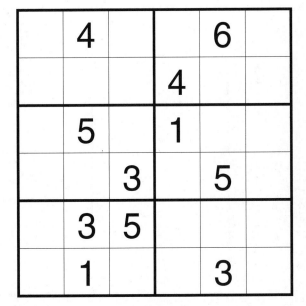

Puzzle 11

		1		5	
				2	
	3	2			
			3	6	
	1				
	5		4		

Puzzle 12

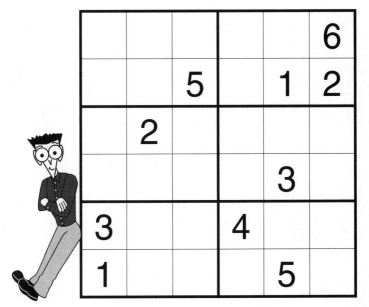

Puzzle 13

	3				
		2		5	
1					6
4			1		
			5		
				3	

Puzzle 14

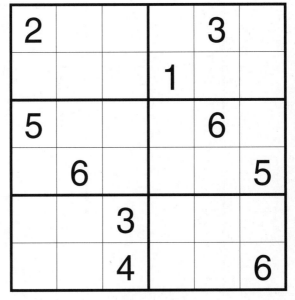

Puzzle 15

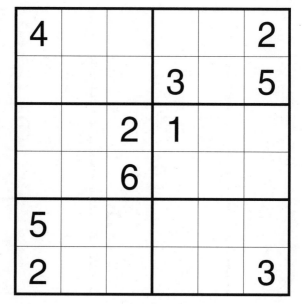

Puzzle 16

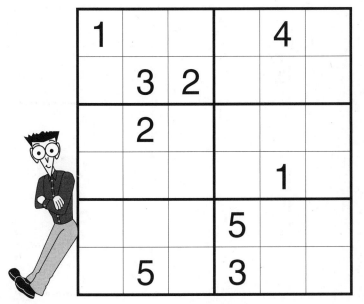

Puzzle 17

	3	6			
		1			
	2	4			
			5	2	
				6	
			2	1	

Puzzle 18

6		4			
1					
		2		6	
	3		4		
			5		
			6		2

Puzzle 19

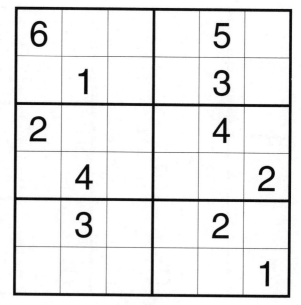

Puzzle 20

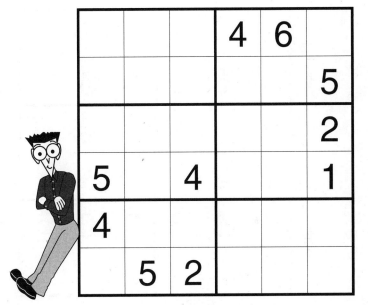

Puzzle 21

	5	2	1	4	
		1		3	
	2				
	4	3	2	6	

Puzzle 22

6	3				
		5			
	5			4	
	4		1	6	
			2		
				3	1

Puzzle 23

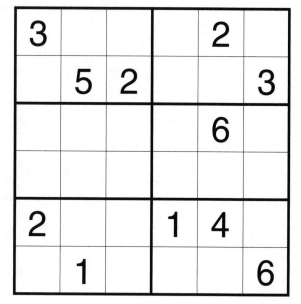

Puzzle 24

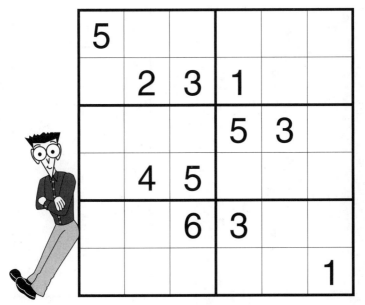

Puzzle 25

Puzzle 26

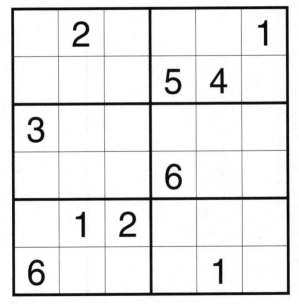

Puzzle 27

		5			
3	4				
		2			
			4		
2					5
			6		1

Puzzle 28

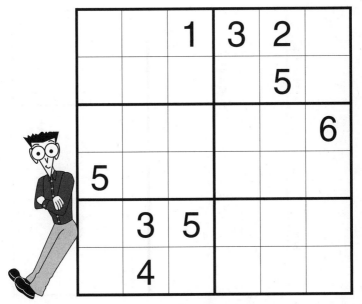

		1	3	2	
				5	
					6
5					
	3	5			
	4				

Puzzle 29

Puzzle 30

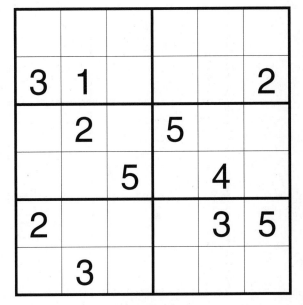

Puzzle 31

			4		1
	3				
3	5		1		
		2			3
				5	
6					

Puzzle 32

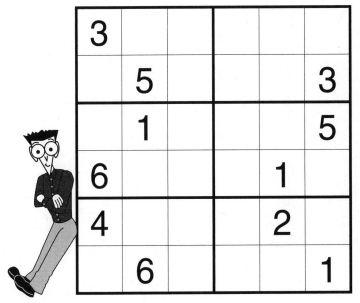

Puzzle 33

5	4				
					2
		3			
			2		3
1					
4				5	

Puzzle 34

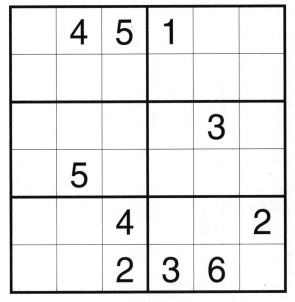

Puzzle 35

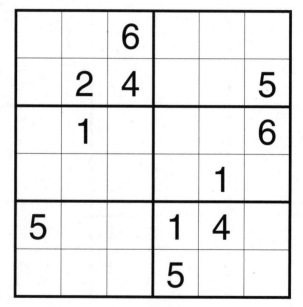

		6			
	2	4			5
	1				6
				1	
5			1	4	
			5		

Puzzle 36

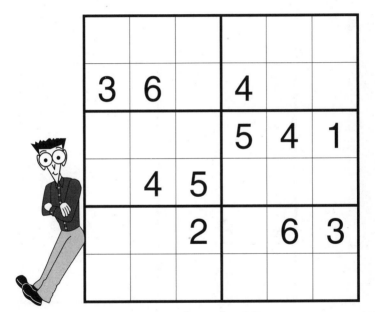

Puzzle 37

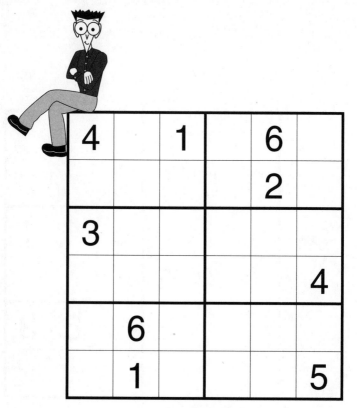

Puzzle 38

2	4				
		5			6
			2		
1		3			
			6		
				4	5

Puzzle 39

4					
			2		3
		5			
			3		6
	5	6			
					1

Puzzle 40

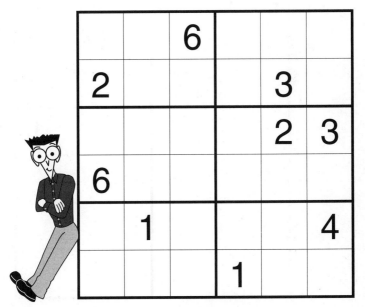

Puzzle 41

Puzzle 42

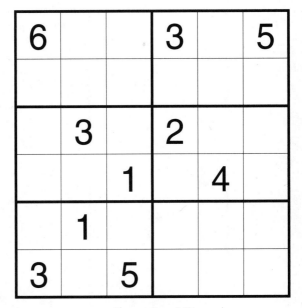

Puzzle 43

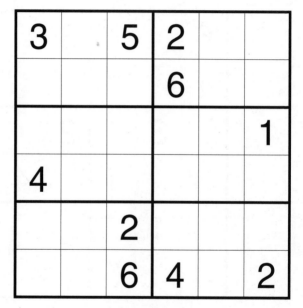

Puzzle 44

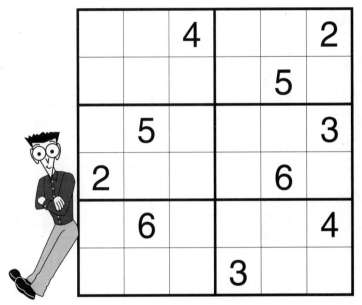

Puzzle 45

Puzzle 46

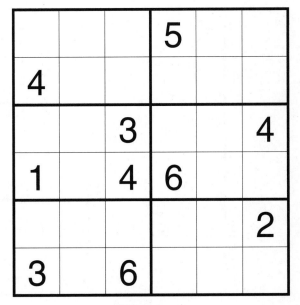

Puzzle 47

6				4	
2		4			
					5
	5		1		2
	6				3

Puzzle 48

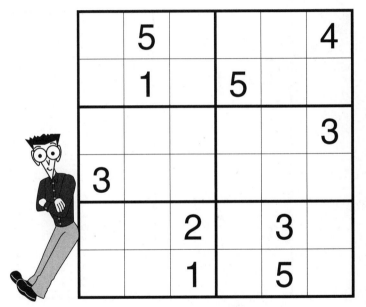

Puzzle 49

Puzzle 50

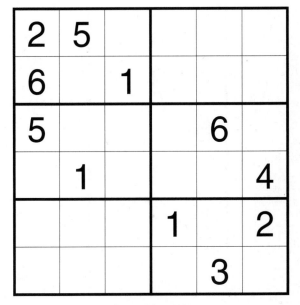

Puzzle 51

	6				
	3	4			
5				3	
	4				5
			1	2	
				4	

Puzzle 52

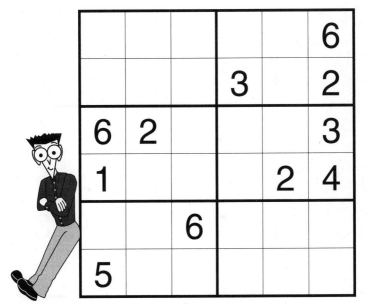

Puzzle 53

Puzzle 54

	3	5	1		6
		6			5
4			2		
1		2	5		

Puzzle 55

	3			2	
5			1		
			4		2
1		4			
		6			4
				3	

Puzzle 56

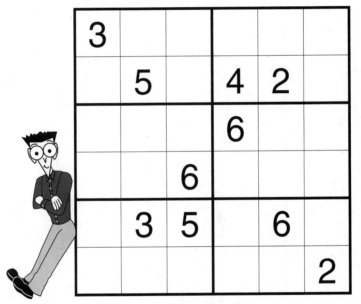

Puzzle 57

		6	5		
				2	
4		2			
			1		
	6				
			2		5

Puzzle 58

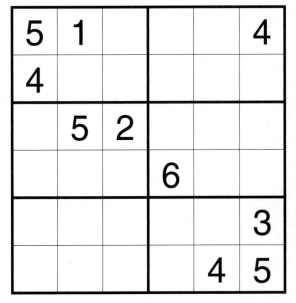

5	1				4
4					
	5	2			
			6		
					3
				4	5

Puzzle 59

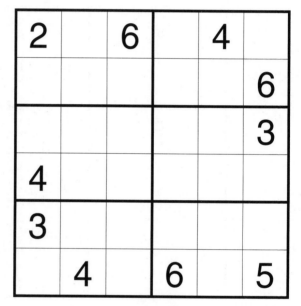

Puzzle 60

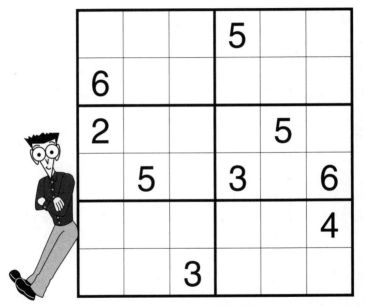

Puzzle 61

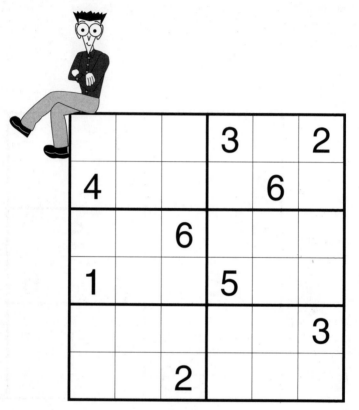

Puzzle 62

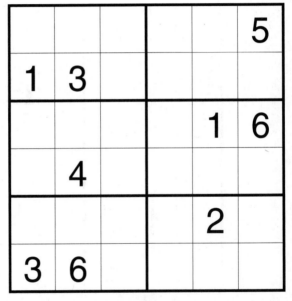

Puzzle 63

			3		
			5	6	
5					
		1			2
	1	2			
		5			

Puzzle 64

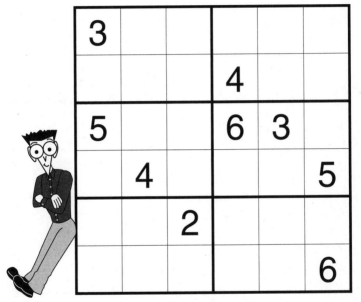

Puzzle 65

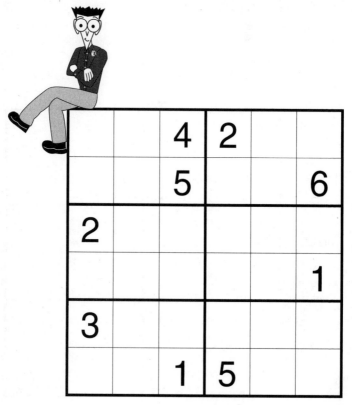

Puzzle 66

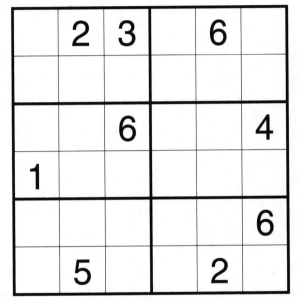

Puzzle 67

3				2	
		6			
2				6	
	1				3
	5				1

Puzzle 68

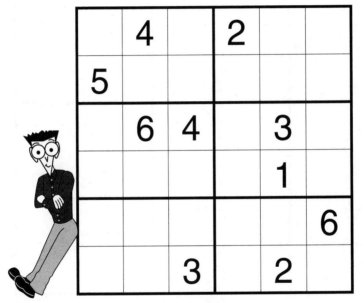

Puzzle 69

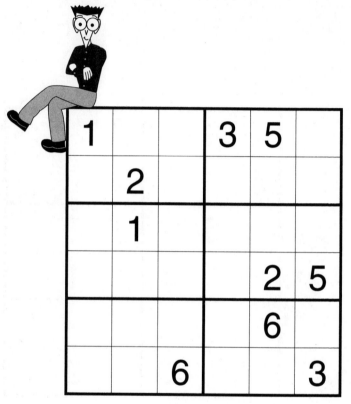

Puzzle 70

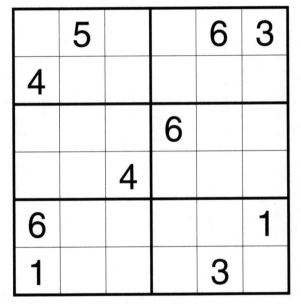

Puzzle 71

			1		
		6			3
	5			4	
	3			5	
5					
		4			

Puzzle 72

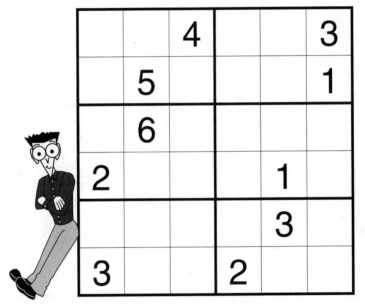

Puzzle 73

Puzzle 74

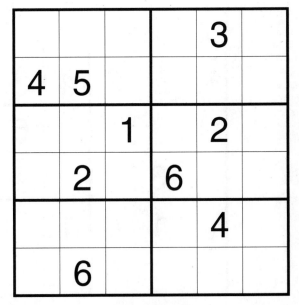

Puzzle 75

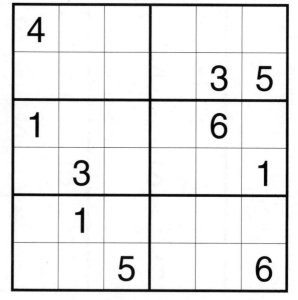

Puzzle 76

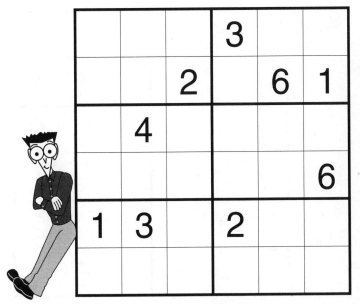

Puzzle 77

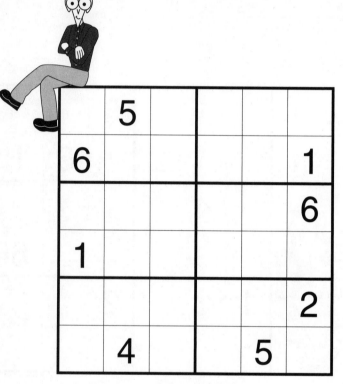

Puzzle 78

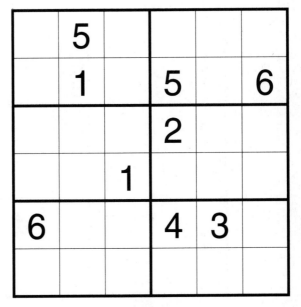

Puzzle 79

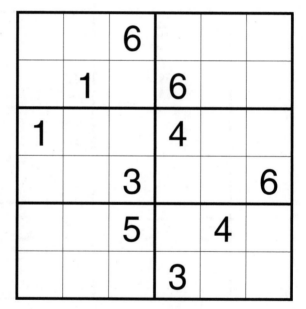

Puzzle 80

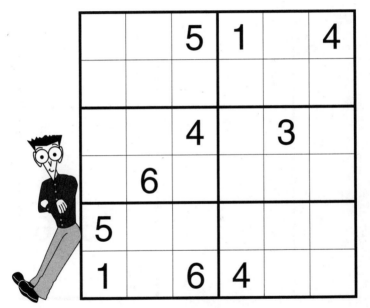

Puzzle 81

Puzzle 82

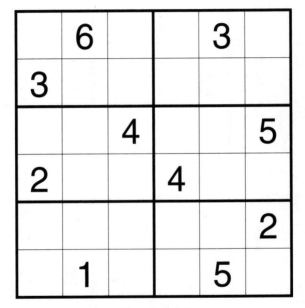

Puzzle 83

	1		3		
6			2		
					4
5					
					1
		1	5	3	

Puzzle 84

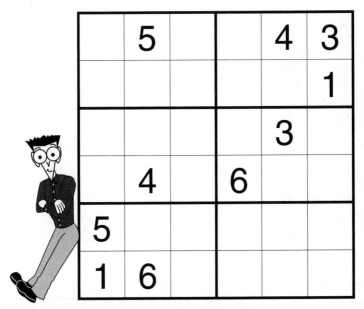

Puzzle 85

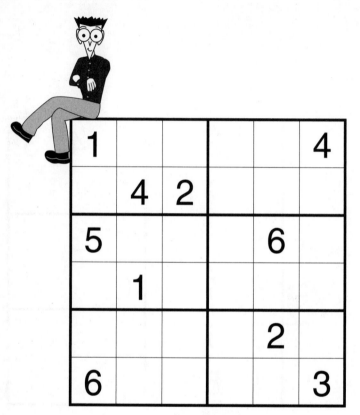

1					4
	4	2			
5				6	
	1				
				2	
6					3

Puzzle 86

		4			
	6		1		
3					
2					6
	5			6	
			2		

Puzzle 87

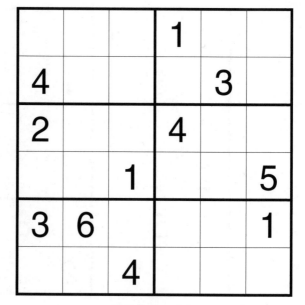

Puzzle 88

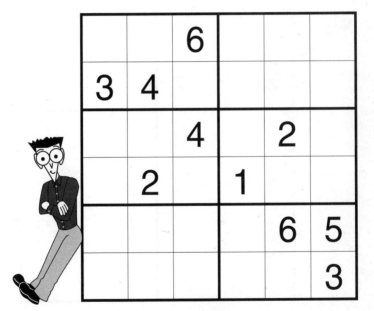

Puzzle 89

Puzzle 90

4					
	6		5	4	
	4				
				6	
	5	1			
					2

Puzzle 91

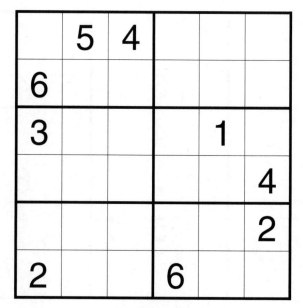

Puzzle 92

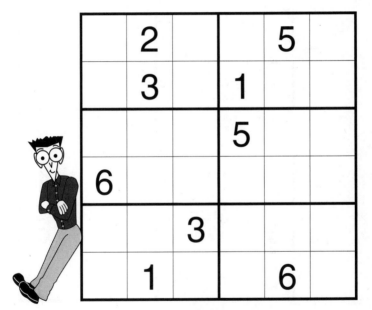

Puzzle 93

Puzzle 94

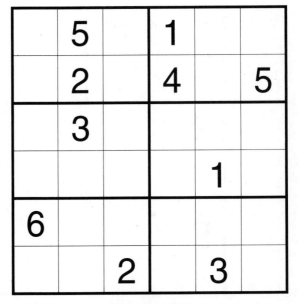

Puzzle 95

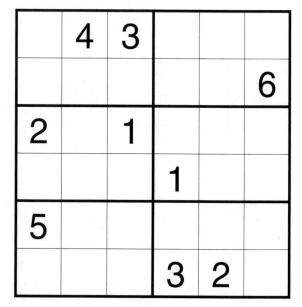

Puzzle 96

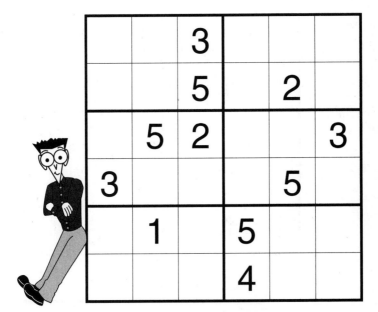

Puzzle 97

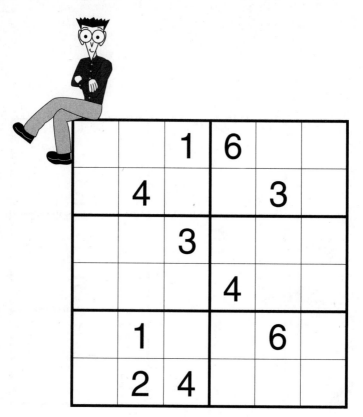

Puzzle 98

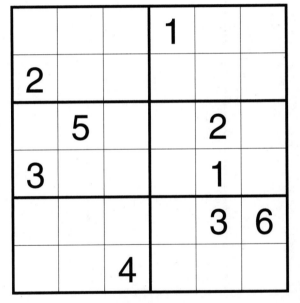

Puzzle 99

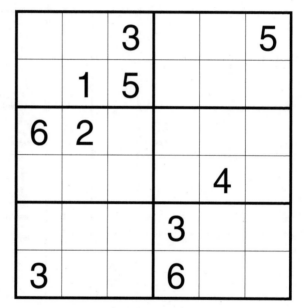

Puzzle 100

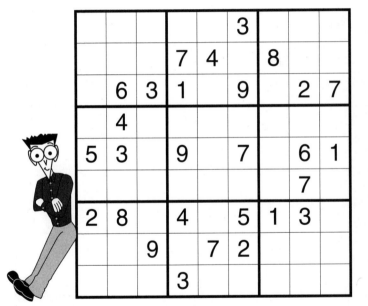

Puzzle 101

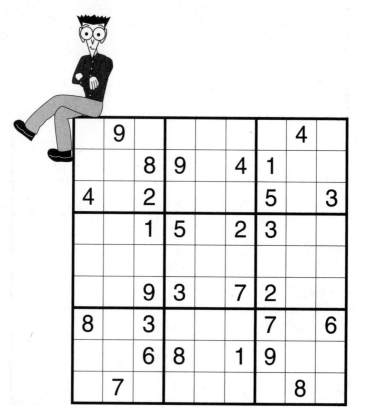

Puzzle 102

					7	5		3
							9	
1	2	3	9				7	
2				6				
6	4		7		9		8	2
			4					9
	7				8	4	2	5
	5							
4		8	3					

Puzzle 103

			5		6			
	5	8		2		3	6	
		3				4		
			4		7			
5	3						2	9
			2		3			
		1				9		
	6	7		8		5	4	
			3		1			

Puzzle 104

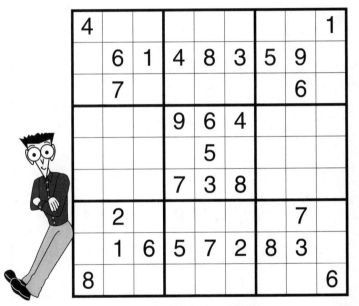

Puzzle 105

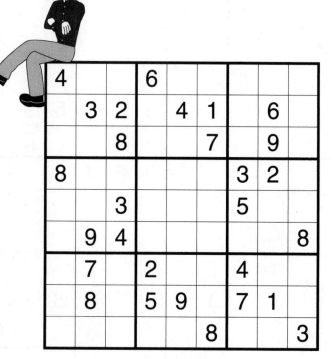

Puzzle 106

			1				5	
		9		5		7	3	
					3	1	2	
		6		8				3
5	9						1	4
3				9		6		
	7	5	6					
	3	4		7		8		
	6				2			

Puzzle 107

		3			2		8	
	6			4			1	7
					8	6		5
	3	9	7					
6								2
					1	3	7	
3		1	8					
5	7			1			2	
	2		4			9		

Puzzle 108

		8					4	1
		6			8		9	3
5						2		
	4	7		5	9		2	
				7				
	1		8	3		9	5	
		9						2
7	6		3			8		
2	3					7		

Puzzle 109

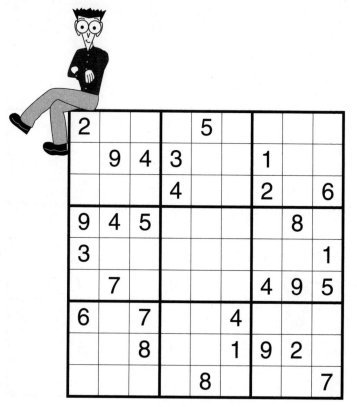

2			5					
	9	4	3			1		
			4			2		6
9	4	5					8	
3								1
	7					4	9	5
6		7			4			
		8			1	9	2	
				8				7

Puzzle 110

					5	6		
		5			2		3	
6				9		4	2	
	7		4					3
8	3						6	1
2					8		7	
	5	1		2				8
	2		3			1		
		3	8					

Puzzle 111

	2		3		6		7	
	6						9	
1								5
		3	7	5	2	1		
6								7
		1	6	4	3	9		
9								2
	1						5	
	7		2		5		6	

Puzzle 112

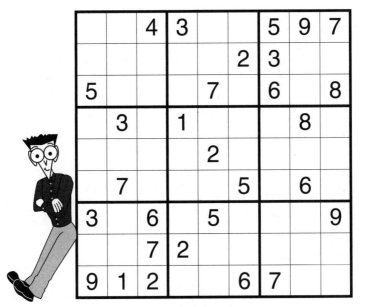

Puzzle 113

8			5		7			6
	2		3		8		1	
3								7
		9	2	7	6	4		
		1	8	4	5	3		
6								3
	9		1		2		7	
1			6		4			2

Puzzle 114

3								9
	8	4		1		7	3	
	7						1	
		5	2		6	8		
	6						4	
		7	3		5	2		
	3						5	
	5	1		2		9	7	
7								4

Puzzle 115

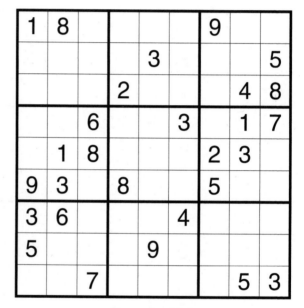

Puzzle 116

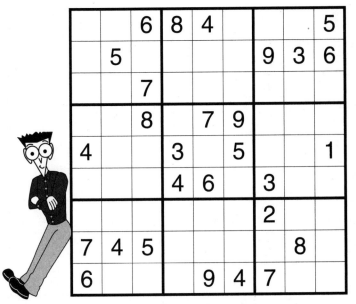

		6	8	4				5
	5					9	3	6
		7						
		8		7	9			
4			3		5			1
			4	6		3		
						2		
7	4	5					8	
6				9	4	7		

Puzzle 117

5	3				9	6	
	6	1		2	7		
8						3	
		4		1			
3	4					1	9
		3		5			
3						2	
	4	8		3	6		
	6	9			4	5	

Puzzle 118

	6					4		8
	1				9	6		
			6	8		3		
			5			8		3
5			8		1			2
2		6			4			
		4		3	2			
		2	7				1	
8		9					3	

Puzzle 119

7			5		4			8
	6						1	
3	4						2	5
		4	9		5	1		
	5						4	
		8	2		6	5		
4	2						5	7
	8						3	
5			6		7			9

Puzzle 120

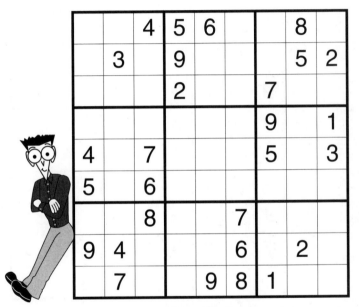

Puzzle 121

		3						
	7				6	8		4
9			5		1			6
	8		7			9	1	3
3	5	2			4		8	
4			2		5			1
7		6	9				4	
						2		

Puzzle 122

	3						2	
			1		6			
6	5	1				8	4	9
		2	3		8	9		
4								7
		6	7		1	3		
3	4	8				7	9	1
			9		4			
	9						6	

Puzzle 123

			3		8			
		6	9		2	1		
7	1						2	3
		9	7		1	5		
5								7
		1	6		4	3		
6	8						9	1
		7	5		9	6		
			1		6			

Puzzle 124

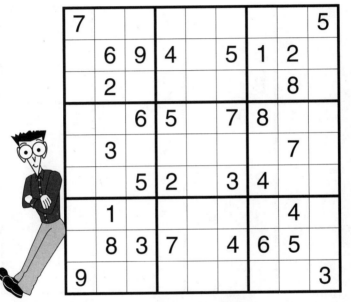

Puzzle 125

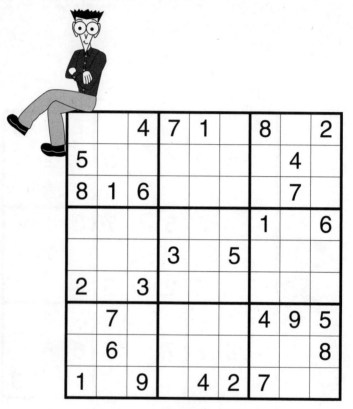

Puzzle 126

7				5		9		3
	9	1	4	8				2
							8	
9			1		8		2	
				3				
	3		2		4			1
	4							
5				4	1	6	7	
8		6		2				9

Puzzle 127

	2					9		3
	9	4	8					5
3		1						
	8	9			3			
7		6				5		8
			9			3	2	
						7		9
9					1	2	4	
4		7					5	

Puzzle 128

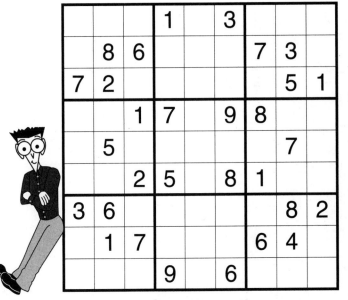

Puzzle 129

3		6		9	7		1	
					2		4	8
4	7						3	
					3			
7		1				2		6
			7					
	1						5	7
5	2		8					
	9		5	7		3		1

Puzzle 130

			8		9			
	1		2	3	4		7	
6		8				4		9
		2	7		8	3		
		7	1		3	2		
4		3				1		7
	2		3	9	5		8	
			4		7			

Puzzle 131

9			4		2	8		
	4	8	9				7	
4			1		7	6		3
8								4
6		1	3		9			7
	9				8	2	1	
		7	2		1			5

Puzzle 132

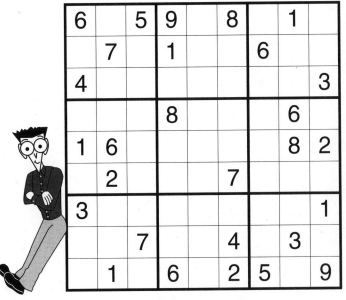

Puzzle 133

4					1	2	6	
3	9					8		
		7					4	
	7	3		4				
		2	5		7	1		
				3		9	8	
	2					7		
		5					1	6
	4	1	8					2

Puzzle 134

4		2	8				9	
	7		2		9			4
		3	7				6	
								3
		9	4		7	5		
6								
	9				6	3		
8			5		4		1	
	6				8	7		9

Puzzle 135

2			1					
	1	4						6
7		9	8		6		5	2
					5	6	7	
				8				
	5	2	4					
1	6		3		9	2		4
4						3	9	
					4			7

Puzzle 136

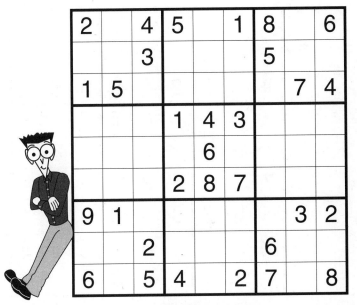

2		4	5		1	8		6
		3				5		
1	5						7	4
			1	4	3			
				6				
			2	8	7			
9	1						3	2
		2				6		
6		5	4		2	7		8

Puzzle 137

			3		6			
2				5				
		3	2		8	9	5	
3				6	7			1
	9						6	
7			5	8				4
	6	7	8		5	3		
				3				9
			1		9			

Puzzle 138

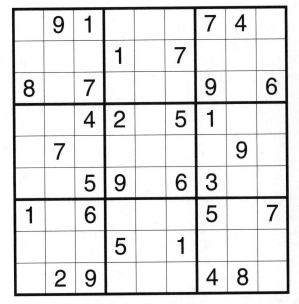

Puzzle 139

	8		2		4		9	
	7	5				4	8	
9								6
		1	6		7	5		
	9						2	
		2	8		3	7		
7								2
	2	6				9	5	
	3		1		2		6	

Puzzle 140

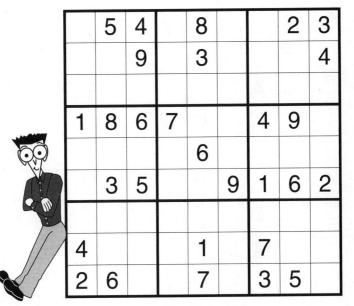

	5	4		8			2	3
		9		3				4
1	8	6	7			4	9	
				6				
	3	5			9	1	6	2
4				1		7		
2	6			7		3	5	

Puzzle 141

	1		3		4		7	
	8	4				3	1	
7								9
		6	9		8	4		
1								3
		3	4		7	5		
4								7
	5	9				8	6	
	2		6		5		3	

Puzzle 142

	1	5	4	2		3		
	9					2		
7								
4	7		8				9	
5			9		6			2
	8				5		6	1
								8
		7					3	
		2		7	3	6	4	

Puzzle 143

		1				2		
			9	8	3			
4	3						5	9
		2	8	6	4	1		
		5	3	1	9	4		
7	9						2	1
			5	7	1			
		4				7		

Puzzle 144

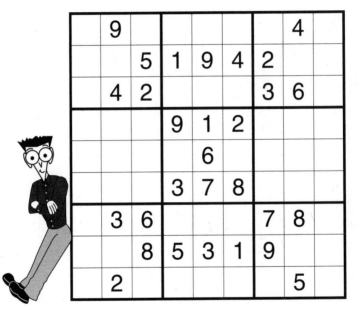

Puzzle 145

Puzzle 146

6	5	2				9	4	7
			5		7			
	3						2	
		1	9		4	8		
	8						3	
		6	2		5	7		
	4						6	
			1		6			
8	6	9				1	7	2

Puzzle 147

5			3		9			8
	6	3				2	9	
1	9						7	4
			4		1			
8								9
			7		5			
6	7						4	3
	3	1				8	5	
4			9		6			1

Puzzle 148

	7		8			6		
1		2	3	4		8	5	
					9			
		8	2	5			3	
				8				
	3			7	4	1		
			4					
	2	9		1	6	3		8
		1			2		4	

Puzzle 149

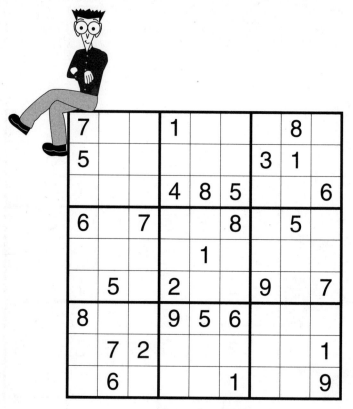

Puzzle 150

		2	7					
	3	8			6			
			3	5		6		9
4		6		2		7		
			1		5			
		3		7		9		8
7		4		1	3			
			8			4	1	
					7	5		

Puzzle 151

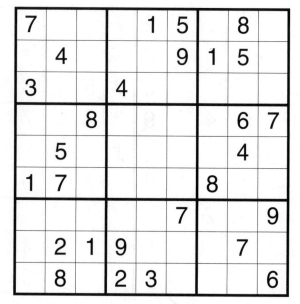

Puzzle 152

	9	2	5		4			7
						1		
7		3				6		2
	6	9	8					
			2		9			
					6	4	3	
2		7				8		6
		5						
9			1		8	2	5	

Puzzle 153

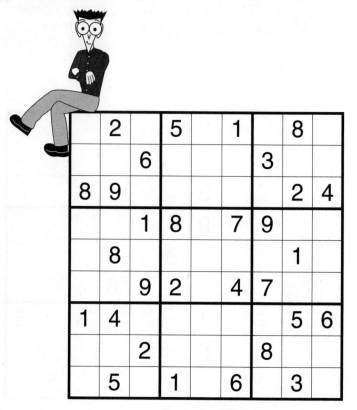

	2		5		1		8	
		6				3		
8	9						2	4
		1	8		7	9		
	8						1	
		9	2		4	7		
1	4						5	6
		2				8		
	5		1		6		3	

Puzzle 154

	8		4		3		2	
		2				1		
1		6				3		9
		9	3		8	6		
3								2
		4	2		6	9		
4		1				2		3
		8				7		
	7		6		4		1	

Puzzle 155

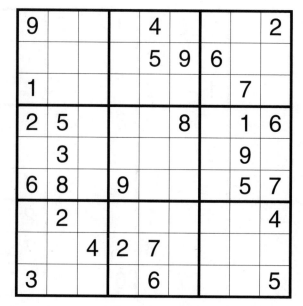

Puzzle 156

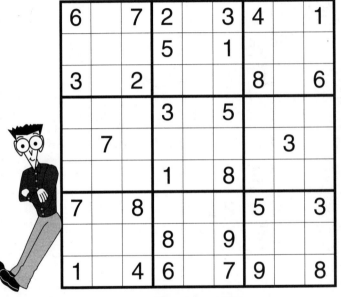

6		7	2		3	4		1
			5		1			
3		2				8		6
			3		5			
	7						3	
			1		8			
7		8				5		3
			8		9			
1		4	6		7	9		8

Puzzle 157

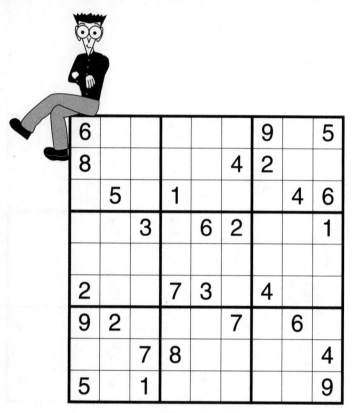

Puzzle 158

6						4		
			6	8	2			9
		9			3		2	
8	6			7				5
	2						4	
7				3			1	6
	5		9			3		
2			8	4	1			
		7						2

Puzzle 159

		1			7			
6	9						7	5
		5			3			4
	7		4		8	1		2
4		6	5		2		8	
5			2			9		
9	2						3	1
			8			7		

Puzzle 160

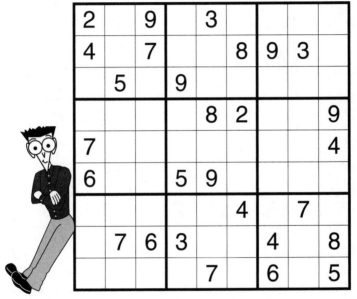

Puzzle 161

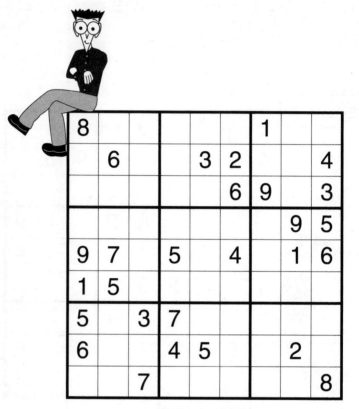

Puzzle 162

		1	3	7		9		
9				6		1	3	
					9			
	1			5				6
4			8		7			9
3				2			8	
			6					
	5	2		3				8
		8		9	5	4		

Puzzle 163

				3	6		9	5
3			9		4		7	
	9	7						
	3	1	6					
			2		1			
					9	5	4	
						2	5	
	1		4		7			8
4	6		5	9				

Puzzle 164

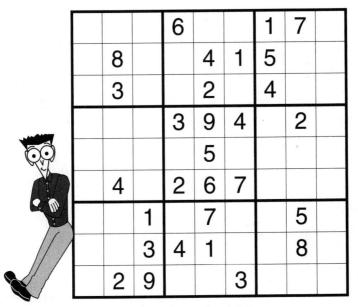

			6			1	7	
	8			4	1	5		
	3			2		4		
			3	9	4		2	
				5				
	4		2	6	7			
		1		7			5	
		3	4	1			8	
	2	9			3			

Puzzle 165

		1	8		6	9		
4		5						
	2		4	3				
9			7	2		5		
	8						1	
		2		9	8			6
				8	4		3	
						8		1
		4	3		2	7		

Puzzle 166

		5		2		3		
6	3		4					9
			3				7	
2						8	9	
8		4				6		1
	9	3						5
	4				5			
1					8		5	4
		6		9		7		

Puzzle 167

						3		4
7		2		4				
1	6		9		3			5
					5	6	4	2
9	8	5	2					
2			6		1		5	8
				2		7		6
6		7						

Puzzle 168

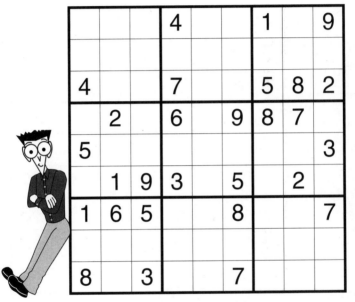

			4			1		9
4			7			5	8	2
	2		6		9	8	7	
5								3
	1	9	3		5		2	
1	6	5			8			7
8		3			7			

Puzzle 169

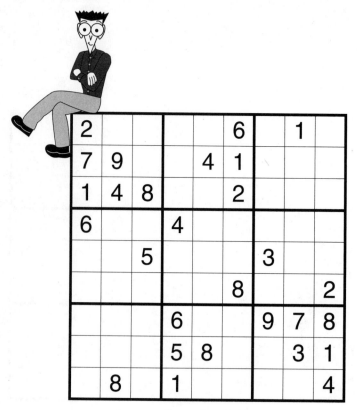

2						6			1	
7	9					4	1				
1	4	8					2				
6					4						
		5							3		
							8				2
					6				9	7	8
					5	8				3	1
	8				1						4

Puzzle 170

	7	9				8	2	
	2		9	7	1		4	
		4	5		9	7		
	1						3	
		5	2		3	9		
	4		8	3	5		9	
	8	2				4	1	

Puzzle 171

		5			4		2	
9				6			3	7
	3	8				9		
		3		9				
		4	5		3	7		
				1		6		
		9				3	7	
3	4			2				8
	5		3			1		

Puzzle 172

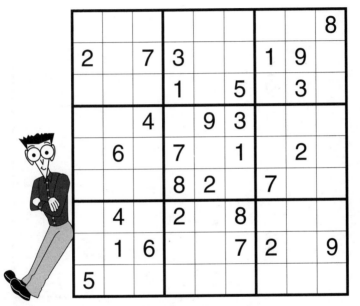

Puzzle 173

	7			5		1	8	
		4	2					6
9	8							
8	9		5	2				
4								3
				4	3		5	8
							4	1
3					5	8		
	5	8		9			7	

Puzzle 174

3		4				1		8
	6		9		3		2	
		6	8		2	7		
5	2						1	6
		1	3		5	9		
	3		7		1		5	
6		7				2		3

Puzzle 175

				6			1	5
			4		7		8	
	6			9				2
	5		2		1			7
		3				9		
8			9		4		3	
3				1			6	
	4		7		9			
2	1			4				

Puzzle 176

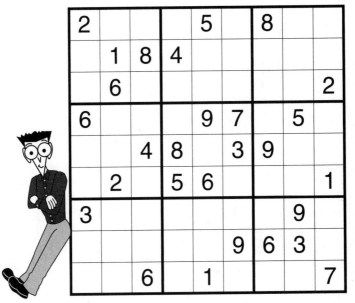

2				5		8		
	1	8	4					
	6							2
6				9	7		5	
		4	8		3	9		
	2		5	6				1
3							9	
					9	6	3	
		6		1				7

Puzzle 177

7	8		4					
	3			8		9	7	
		9	3	2			6	
1	5							
		2				5		
							3	8
	1			7	8	6		
	2	7		9			8	
					4		1	9

Puzzle 178

1		2		9	6			
					2	9		
9			4					3
	4			1		6	2	
		8				3		
	2	9		6			8	
5					9			8
		4	1					
			6	7		4		5

Puzzle 179

		3	5	9				1
		5			2		8	
	7		4	8				
4		8						
	6						7	
						1		9
			4	7			3	
	3		8			2		
1				2	3	5		

Puzzle 180

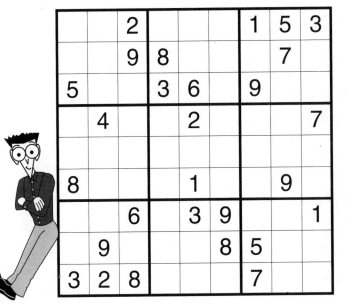

Puzzle 181

2		6						
	3				8			1
	5	9	4			8		
				2				9
	1	8	6		9	7	3	
9				7				
		5			7	2	6	
3			9				1	
						9		5

Puzzle 182

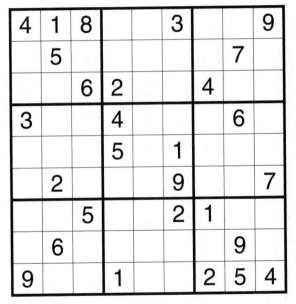

Puzzle 183

7								8
			9	7	5			
9		6				5		4
		9	5		7	8		
	7						4	
		3	2		6	7		
2		5				6		7
			1	5	9			
4								3

Puzzle 184

			8		6			
6				3		7		
	5	2					4	6
4				2				
	9	1				6	2	
				9				5
2	4					8	1	
		7		4				3
			1		3			

Puzzle 185

6		9	2		4	1		3
		3		6		9		
1								7
		1	5		6	2		
		4	8		9	3		
8								9
		7		9		4		
9		5	3		1	8		6

Puzzle 186

7		1		6			3	
	2		3			1		
								9
3	8	9	5		7		6	
				3				
	6		8		4	3	9	7
4								
		8			3		4	
	7			5		2		6

Puzzle 187

	9						7	
			2		1			
7		4				1		6
		6	3		7	2		
5								7
		9	1		6	5		
2		3				8		1
			4		2			
	6						9	

Puzzle 188

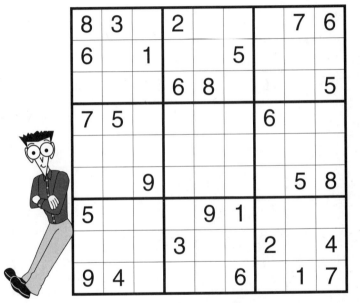

Puzzle 189

		3					9	4
	8		6				7	
4	7			2			6	
			7		2			
	9	6				2	1	
			1		6			
	6			3			4	1
	1				7		3	
9	3					8		

Puzzle 190

7		3						
		4		1	7	9		
6	2				8			
			8				2	
5			7		3			4
	7				1			
			4				3	7
		5	2	7		4		
						5		8

Puzzle 191

		1	3					2
7	9					8		
			9		4			
	3				7		1	4
1	5						8	6
4	6		5				3	
			7		3			
		8					9	5
5					9	6		

Puzzle 192

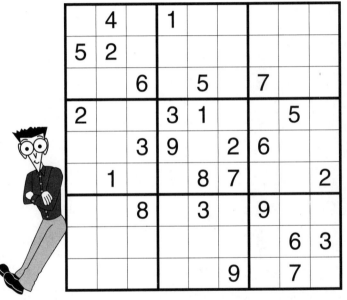

Puzzle 193

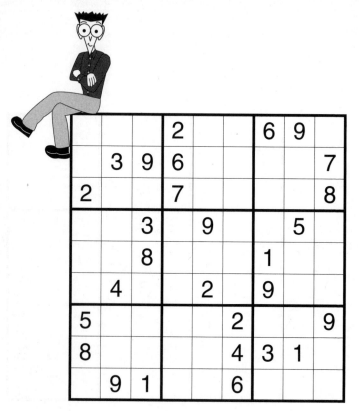

Puzzle 194

			1			8	6	
				3	8			
9		1		7		3		
7	6				4	1		2
5		2	6				9	7
		9		4		2		8
			8	6				
	4	5			1			

Puzzle 195

					8	5	4	
1		9	7			3		
			6					
2							3	5
6	3		9		4		8	7
4	7							6
			9					
		3			6	1		4
	4	7	3					

Puzzle 196

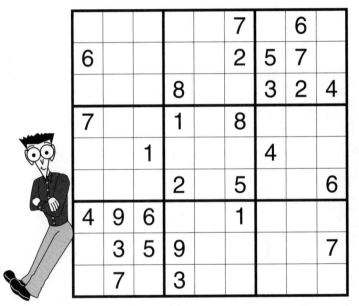

Puzzle 197

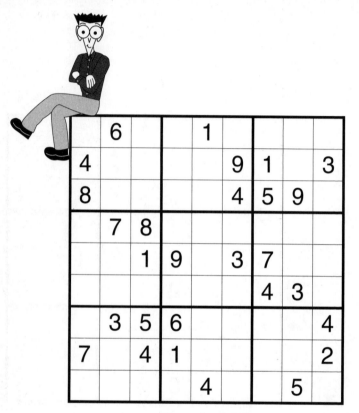

Puzzle 198

2			1	4	9	5		
					8			9
		4		3		2		
							9	1
		1	3		4	6		
8	5							
		9		7		4		
3			8					
		2	4	6	5			8

Puzzle 199

		6	5			9		
		4		6	3			
	8				4			6
	7		3			2		
	9	2				4	6	
		1			2		9	
2			8				1	
			1	2		6		
		3			9	7		

Puzzle 200

Part III

The Answers to Your Problems

The 5th Wave   By Rich Tennant

"You need more sudokus for the trip home?"

In this part . . .

*1*t's no use having 200 puzzles to solve if I don't give you the answers. Here you'll find the solutions to all of the puzzles in Part II. But remember, no cheating!

Part III

The Answers to Your Problems

Puzzle 1

3	4	2	1
1	2	4	3
2	3	1	4
4	1	3	2

Puzzle 2

1	4	2	3
2	3	1	4
3	2	4	1
4	1	3	2

Puzzle 3

2	3	4	1
4	1	3	2
3	2	1	4
1	4	2	3

Puzzle 4

4	3	1	2
1	2	4	3
2	4	3	1
3	1	2	4

Puzzle 5

3	2	4	1
1	4	2	3
2	1	3	4
4	3	1	2

Puzzle 6

4	3	1	2
1	2	3	4
3	4	2	1
2	1	4	3

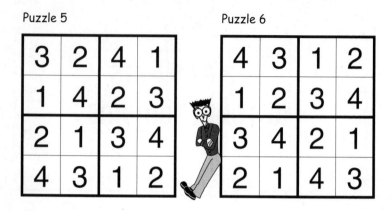

Puzzle 7

3	1	2	4
2	4	3	1
4	3	1	2
1	2	4	3

Puzzle 8

2	1	3	4
3	4	2	1
1	3	4	2
4	2	1	3

Puzzle 9

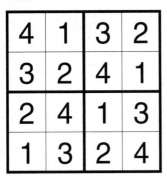

4	1	3	2
3	2	4	1
2	4	1	3
1	3	2	4

Puzzle 10

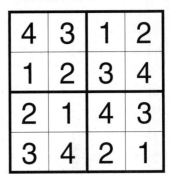

4	3	1	2
1	2	3	4
2	1	4	3
3	4	2	1

Puzzle 11

5	4	1	3	6	2
3	6	2	4	1	5
4	5	6	1	2	3
1	2	3	6	5	4
6	3	5	2	4	1
2	1	4	5	3	6

Puzzle 12

3	2	1	6	5	4
5	6	4	1	2	3
6	3	2	5	4	1
1	4	5	3	6	2
4	1	6	2	3	5
2	5	3	4	1	6

Puzzle 13

2	3	1	5	4	6
4	6	5	3	1	2
5	2	3	1	6	4
6	1	4	2	3	5
3	5	6	4	2	1
1	4	2	6	5	3

Puzzle 14

5	3	4	2	6	1
6	1	2	4	5	3
1	2	5	3	4	6
4	6	3	1	2	5
3	4	6	5	1	2
2	5	1	6	3	4

Puzzle 15

2	1	5	6	3	4
4	3	6	1	5	2
5	4	1	2	6	3
3	6	2	4	1	5
6	2	3	5	4	1
1	5	4	3	2	6

Puzzle 16

4	3	5	6	1	2
6	2	1	3	4	5
3	4	2	1	5	6
1	5	6	2	3	4
5	6	3	4	2	1
2	1	4	5	6	3

Puzzle 17

1	6	5	2	4	3
4	3	2	1	5	6
6	2	1	4	3	5
5	4	3	6	1	2
3	1	6	5	2	4
2	5	4	3	6	1

Puzzle 18

4	3	6	1	5	2
2	5	1	3	4	6
5	2	4	6	3	1
1	6	3	5	2	4
3	1	2	4	6	5
6	4	5	2	1	3

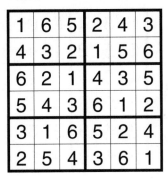

Puzzle 19

6	2	4	1	5	3
1	5	3	2	4	6
4	1	2	3	6	5
5	3	6	4	2	1
2	6	1	5	3	4
3	4	5	6	1	2

Puzzle 20

6	2	3	1	5	4
5	1	4	2	3	6
2	6	1	5	4	3
3	4	5	6	1	2
1	3	6	4	2	5
4	5	2	3	6	1

Puzzle 21

2	1	5	4	6	3
3	4	6	1	2	5
1	6	3	5	4	2
5	2	4	6	3	1
4	3	1	2	5	6
6	5	2	3	1	4

Puzzle 22

1	3	4	6	2	5
6	5	2	1	4	3
4	6	1	5	3	2
3	2	5	4	1	6
5	4	3	2	6	1
2	1	6	3	5	4

Puzzle 23

6	3	1	5	2	4
4	2	5	6	1	3
1	5	6	3	4	2
2	4	3	1	6	5
3	1	4	2	5	6
5	6	2	4	3	1

Puzzle 24

3	6	1	5	2	4
4	5	2	6	1	3
1	4	5	3	6	2
6	2	3	4	5	1
2	3	6	1	4	5
5	1	4	2	3	6

Puzzle 25

5	6	1	4	2	3
4	2	3	1	6	5
6	1	2	5	3	4
3	4	5	2	1	6
1	5	6	3	4	2
2	3	4	6	5	1

Puzzle 26

1	3	6	5	2	4
5	4	2	3	6	1
3	6	1	4	5	2
2	5	4	6	1	3
4	2	5	1	3	6
6	1	3	2	4	5

Puzzle 27

4	2	5	3	6	1
1	6	3	5	4	2
3	5	6	1	2	4
2	4	1	6	5	3
5	1	2	4	3	6
6	3	4	2	1	5

Puzzle 28

6	2	5	1	3	4
3	4	1	2	5	6
4	6	2	5	1	3
1	5	3	4	6	2
2	1	6	3	4	5
5	3	4	6	2	1

Puzzle 29

6	5	1	3	2	4
4	2	3	6	5	1
3	1	2	5	4	6
5	6	4	2	1	3
1	3	5	4	6	2
2	4	6	1	3	5

Puzzle 30

2	4	6	3	5	1
1	5	3	4	2	6
3	1	4	2	6	5
6	2	5	1	4	3
5	3	2	6	1	4
4	6	1	5	3	2

Puzzle 31

6	5	2	3	1	4
3	1	4	6	5	2
4	2	3	5	6	1
1	6	5	2	4	3
2	4	6	1	3	5
5	3	1	4	2	6

Puzzle 32

5	2	6	4	3	1
4	3	1	2	6	5
3	5	4	1	2	6
1	6	2	5	4	3
2	1	3	6	5	4
6	4	5	3	1	2

Puzzle 33

3	2	6	1	5	4
1	5	4	2	6	3
2	1	3	6	4	5
6	4	5	3	1	2
4	3	1	5	2	6
5	6	2	4	3	1

Puzzle 34

5	4	2	1	3	6
3	6	1	5	4	2
2	1	3	4	6	5
6	5	4	2	1	3
1	3	5	6	2	4
4	2	6	3	5	1

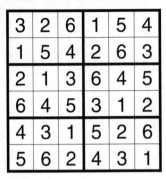

Puzzle 35

3	4	5	1	2	6
1	2	6	4	5	3
4	6	1	2	3	5
2	5	3	6	4	1
6	3	4	5	1	2
5	1	2	3	6	4

Puzzle 36

3	5	6	4	2	1
1	2	4	6	3	5
4	1	2	3	5	6
6	3	5	2	1	4
5	6	3	1	4	2
2	4	1	5	6	3

Puzzle 37

5	2	4	3	1	6
3	6	1	4	2	5
2	3	6	5	4	1
1	4	5	6	3	2
4	5	2	1	6	3
6	1	3	2	5	4

Puzzle 38

4	2	1	5	6	3
6	3	5	4	2	1
3	4	2	1	5	6
1	5	6	2	3	4
5	6	4	3	1	2
2	1	3	6	4	5

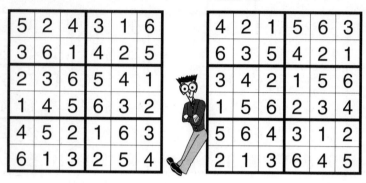

Puzzle 39

2	4	6	3	5	1
3	1	5	4	2	6
5	6	4	2	1	3
1	2	3	5	6	4
4	5	1	6	3	2
6	3	2	1	4	5

Puzzle 40

4	2	3	6	1	5
5	6	1	2	4	3
6	3	5	1	2	4
2	1	4	3	5	6
1	5	6	4	3	2
3	4	2	5	6	1

Puzzle 41

4	3	6	2	1	5
2	5	1	4	3	6
1	4	5	6	2	3
6	2	3	5	4	1
5	1	2	3	6	4
3	6	4	1	5	2

Puzzle 42

3	1	2	5	4	6
6	4	5	1	2	3
4	2	3	6	5	1
1	5	6	2	3	4
5	6	4	3	1	2
2	3	1	4	6	5

Puzzle 43

6	4	2	3	1	5
1	5	3	4	6	2
4	3	6	2	5	1
5	2	1	6	4	3
2	1	4	5	3	6
3	6	5	1	2	4

Puzzle 44

3	6	5	2	1	4
2	1	4	6	3	5
6	2	3	5	4	1
4	5	1	3	2	6
5	4	2	1	6	3
1	3	6	4	5	2

Puzzle 45

5	1	4	6	3	2
6	3	2	4	5	1
1	5	6	2	4	3
2	4	3	1	6	5
3	6	1	5	2	4
4	2	5	3	1	6

Puzzle 46

4	2	6	1	5	3
1	3	5	6	4	2
3	4	2	5	6	1
6	5	1	3	2	4
5	1	4	2	3	6
2	6	3	4	1	5

Puzzle 47

6	3	2	5	4	1
4	1	5	2	3	6
2	6	3	1	5	4
1	5	4	6	2	3
5	4	1	3	6	2
3	2	6	4	1	5

Puzzle 48

6	3	5	2	4	1
2	1	4	5	3	6
3	4	1	6	2	5
5	2	6	3	1	4
4	5	3	1	6	2
1	6	2	4	5	3

Puzzle 49

2	5	6	3	1	4
4	1	3	5	2	6
1	6	5	2	4	3
3	2	4	1	6	5
5	4	2	6	3	1
6	3	1	4	5	2

Puzzle 50

3	1	2	4	5	6
5	4	6	1	3	2
6	2	3	5	1	4
1	5	4	6	2	3
4	3	1	2	6	5
2	6	5	3	4	1

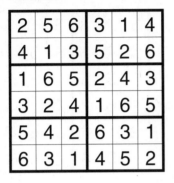

Puzzle 51

2	5	4	6	1	3
6	3	1	2	4	5
5	4	2	3	6	1
3	1	6	5	2	4
4	6	3	1	5	2
1	2	5	4	3	6

Puzzle 52

2	6	5	3	1	4
1	3	4	6	5	2
5	2	6	4	3	1
3	4	1	2	6	5
4	5	3	1	2	6
6	1	2	5	4	3

Puzzle 53

3	5	2	1	4	6
4	6	1	3	5	2
6	2	4	5	1	3
1	3	5	6	2	4
2	1	6	4	3	5
5	4	3	2	6	1

Puzzle 54

5	2	3	6	1	4
6	4	1	3	5	2
1	3	5	4	2	6
4	6	2	1	3	5
2	1	6	5	4	3
3	5	4	2	6	1

Puzzle 55

2	3	5	1	4	6
6	1	4	3	5	2
3	2	6	4	1	5
4	5	1	2	6	3
5	4	3	6	2	1
1	6	2	5	3	4

Puzzle 56

4	3	1	5	2	6
5	6	2	1	4	3
6	5	3	4	1	2
1	2	4	3	6	5
3	1	6	2	5	4
2	4	5	6	3	1

Puzzle 57

3	4	2	5	1	6
6	5	1	4	2	3
5	2	3	6	4	1
4	1	6	2	3	5
2	3	5	1	6	4
1	6	4	3	5	2

Puzzle 58

1	2	6	5	3	4
5	3	4	6	2	1
4	1	2	3	5	6
6	5	3	1	4	2
2	6	5	4	1	3
3	4	1	2	6	5

Puzzle 59

5	1	6	3	2	4
4	2	3	5	1	6
6	5	2	4	3	1
1	3	4	6	5	2
2	4	5	1	6	3
3	6	1	2	4	5

Puzzle 60

2	3	6	5	4	1
5	1	4	3	2	6
6	2	1	4	5	3
4	5	3	1	6	2
3	6	5	2	1	4
1	4	2	6	3	5

Puzzle 61

3	4	1	5	6	2
6	2	5	1	4	3
2	3	6	4	5	1
1	5	4	3	2	6
5	1	2	6	3	4
4	6	3	2	1	5

Puzzle 62

5	6	1	3	4	2
4	2	3	1	6	5
2	5	6	4	3	1
1	3	4	5	2	6
6	4	5	2	1	3
3	1	2	6	5	4

Puzzle 63

4	2	6	1	3	5
1	3	5	2	6	4
2	5	3	4	1	6
6	4	1	3	5	2
5	1	4	6	2	3
3	6	2	5	4	1

Puzzle 64

1	5	6	3	2	4
2	4	3	5	6	1
5	2	4	1	3	6
6	3	1	4	5	2
3	1	2	6	4	5
4	6	5	2	1	3

Puzzle 65

3	1	4	5	6	2
2	5	6	4	1	3
5	2	1	6	3	4
6	4	3	1	2	5
4	6	2	3	5	1
1	3	5	2	4	6

Puzzle 66

6	3	4	2	1	5
1	2	5	3	4	6
2	1	6	4	5	3
5	4	3	6	2	1
3	5	2	1	6	4
4	6	1	5	3	2

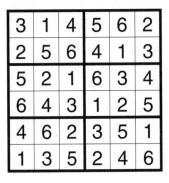

Puzzle 67

4	2	3	1	6	5
5	6	1	2	4	3
2	3	6	5	1	4
1	4	5	6	3	2
3	1	2	4	5	6
6	5	4	3	2	1

Puzzle 68

3	4	1	5	2	6
5	2	6	3	1	4
2	3	4	1	6	5
6	1	5	2	4	3
1	6	3	4	5	2
4	5	2	6	3	1

Puzzle 69

3	4	1	2	6	5
5	2	6	1	4	3
1	6	4	5	3	2
2	3	5	6	1	4
4	1	2	3	5	6
6	5	3	4	2	1

Puzzle 70

1	6	4	3	5	2
3	2	5	6	4	1
5	1	2	4	3	6
6	4	3	1	2	5
2	3	1	5	6	4
4	5	6	2	1	3

Puzzle 71

2	5	1	4	6	3
4	3	6	1	2	5
3	1	2	6	5	4
5	6	4	3	1	2
6	2	3	5	4	1
1	4	5	2	3	6

Puzzle 72

3	2	5	1	6	4
1	4	6	5	2	3
6	5	2	3	4	1
4	3	1	2	5	6
5	6	3	4	1	2
2	1	4	6	3	5

Puzzle 73

1	2	4	5	6	3
6	5	3	4	2	1
4	6	1	3	5	2
2	3	5	6	1	4
5	4	2	1	3	6
3	1	6	2	4	5

Puzzle 74

2	4	1	3	6	5
6	5	3	4	1	2
4	3	2	6	5	1
1	6	5	2	4	3
5	2	4	1	3	6
3	1	6	5	2	4

Puzzle 75

2	1	6	4	3	5
4	5	3	2	6	1
6	4	1	5	2	3
3	2	5	6	1	4
5	3	2	1	4	6
1	6	4	3	5	2

Puzzle 76

4	5	3	6	1	2
2	6	1	4	3	5
1	2	4	5	6	3
5	3	6	2	4	1
6	1	2	3	5	4
3	4	5	1	2	6

Puzzle 77

4	6	1	3	2	5
3	5	2	4	6	1
6	4	5	1	3	2
2	1	3	5	4	6
1	3	6	2	5	4
5	2	4	6	1	3

Puzzle 78

3	5	1	6	2	4
6	2	4	5	3	1
4	3	5	2	1	6
1	6	2	3	4	5
5	1	3	4	6	2
2	4	6	1	5	3

Puzzle 79

4	5	6	1	2	3
3	1	2	5	4	6
5	6	3	2	1	4
2	4	1	3	6	5
6	2	5	4	3	1
1	3	4	6	5	2

Puzzle 80

3	2	6	5	1	4
5	1	4	6	3	2
1	6	2	4	5	3
4	5	3	1	2	6
6	3	5	2	4	1
2	4	1	3	6	5

Puzzle 81

6	3	5	1	2	4
4	1	2	3	6	5
2	5	4	6	3	1
3	6	1	5	4	2
5	4	3	2	1	6
1	2	6	4	5	3

Puzzle 82

1	3	5	4	6	2
6	4	2	1	3	5
3	5	4	6	2	1
2	1	6	5	4	3
4	2	1	3	5	6
5	6	3	2	1	4

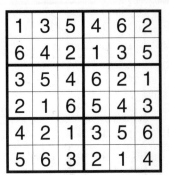

Puzzle 83

4	6	5	2	3	1
3	2	1	5	4	6
1	3	4	6	2	5
2	5	6	4	1	3
5	4	3	1	6	2
6	1	2	3	5	4

Puzzle 84

2	1	5	3	4	6
6	3	4	2	1	5
1	2	3	6	5	4
5	4	6	1	2	3
3	5	2	4	6	1
4	6	1	5	3	2

Puzzle 85

Puzzle 86

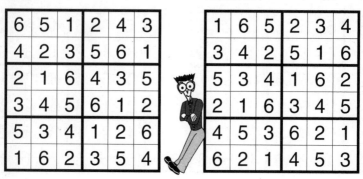

6	5	1	2	4	3
4	2	3	5	6	1
2	1	6	4	3	5
3	4	5	6	1	2
5	3	4	1	2	6
1	6	2	3	5	4

1	6	5	2	3	4
3	4	2	5	1	6
5	3	4	1	6	2
2	1	6	3	4	5
4	5	3	6	2	1
6	2	1	4	5	3

Puzzle 87

Puzzle 88

1	2	4	6	5	3
5	6	3	1	2	4
3	4	6	5	1	2
2	1	5	4	3	6
4	5	2	3	6	1
6	3	1	2	4	5

5	3	2	1	6	4
4	1	6	5	3	2
2	5	3	4	1	6
6	4	1	3	2	5
3	6	5	2	4	1
1	2	4	6	5	3

Puzzle 89

2	5	6	3	4	1
3	4	1	6	5	2
1	3	4	5	2	6
6	2	5	1	3	4
4	1	3	2	6	5
5	6	2	4	1	3

Puzzle 90

5	3	1	6	4	2
4	2	6	5	3	1
2	5	3	4	1	6
1	6	4	3	2	5
6	4	2	1	5	3
3	1	5	2	6	4

Puzzle 91

4	1	5	3	2	6
3	6	2	5	4	1
5	4	6	2	1	3
1	2	3	4	6	5
2	5	1	6	3	4
6	3	4	1	5	2

Puzzle 92

1	5	4	2	6	3
6	2	3	4	5	1
3	4	2	5	1	6
5	1	6	3	2	4
4	6	5	1	3	2
2	3	1	6	4	5

Puzzle 93

1	2	4	6	5	3
5	3	6	1	4	2
3	4	1	5	2	6
6	5	2	4	3	1
4	6	3	2	1	5
2	1	5	3	6	4

Puzzle 94

6	4	1	5	3	2
2	5	3	1	6	4
5	1	6	4	2	3
4	3	2	6	5	1
1	2	5	3	4	6
3	6	4	2	1	5

Puzzle 95

4	5	6	1	2	3
3	2	1	4	6	5
1	3	4	2	5	6
2	6	5	3	1	4
6	1	3	5	4	2
5	4	2	6	3	1

Puzzle 96

6	4	3	2	5	1
1	2	5	4	3	6
2	6	1	5	4	3
3	5	4	1	6	2
5	3	2	6	1	4
4	1	6	3	2	5

Puzzle 97

1	2	3	6	4	5
6	4	5	3	2	1
4	5	2	1	6	3
3	6	1	2	5	4
2	1	4	5	3	6
5	3	6	4	1	2

Puzzle 98

5	3	1	6	4	2
2	4	6	5	3	1
4	5	3	1	2	6
1	6	2	4	5	3
3	1	5	2	6	4
6	2	4	3	1	5

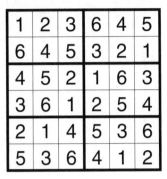

Puzzle 99

5	4	3	1	6	2
2	1	6	3	4	5
4	5	1	6	2	3
3	6	2	5	1	4
1	2	5	4	3	6
6	3	4	2	5	1

Puzzle 100

4	6	3	1	2	5
2	1	5	4	6	3
6	2	4	5	3	1
5	3	1	2	4	6
1	4	6	3	5	2
3	5	2	6	1	4

Puzzle 101

8	7	1	2	5	3	9	4	6
9	2	5	7	4	6	8	1	3
4	6	3	1	8	9	5	2	7
7	4	2	6	1	8	3	9	5
5	3	8	9	2	7	4	6	1
1	9	6	5	3	4	2	7	8
2	8	7	4	6	5	1	3	9
3	1	9	8	7	2	6	5	4
6	5	4	3	9	1	7	8	2

Puzzle 102

1	9	7	2	3	5	6	4	8
5	3	8	9	6	4	1	7	2
4	6	2	7	1	8	5	9	3
7	8	1	5	4	2	3	6	9
3	2	4	1	9	6	8	5	7
6	5	9	3	8	7	2	1	4
8	1	3	4	5	9	7	2	6
2	4	6	8	7	1	9	3	5
9	7	5	6	2	3	4	8	1

Puzzle 103

8	9	4	2	6	7	5	1	3
5	6	7	8	3	1	2	9	4
1	2	3	9	4	5	8	7	6
2	3	9	5	8	6	7	4	1
6	4	5	7	1	9	3	8	2
7	8	1	4	2	3	6	5	9
3	7	6	1	9	8	4	2	5
9	5	2	6	7	4	1	3	8
4	1	8	3	5	2	9	6	7

Puzzle 104

4	7	2	5	3	6	1	9	8
9	5	8	1	2	4	3	6	7
6	1	3	8	7	9	4	5	2
1	2	6	4	9	7	8	3	5
5	3	4	6	1	8	7	2	9
7	8	9	2	5	3	6	1	4
2	4	1	7	6	5	9	8	3
3	6	7	9	8	2	5	4	1
8	9	5	3	4	1	2	7	6

Puzzle 105

4	8	5	6	9	7	3	2	1
2	6	1	4	8	3	5	9	7
3	7	9	1	2	5	4	6	8
1	3	2	9	6	4	7	8	5
7	9	8	2	5	1	6	4	3
6	5	4	7	3	8	9	1	2
5	2	3	8	4	6	1	7	9
9	1	6	5	7	2	8	3	4
8	4	7	3	1	9	2	5	6

Puzzle 106

4	1	9	6	8	5	2	3	7
7	3	2	9	4	1	8	6	5
6	5	8	3	2	7	1	9	4
8	6	7	4	5	9	3	2	1
1	2	3	8	7	6	5	4	9
5	9	4	1	3	2	6	7	8
9	7	5	2	1	3	4	8	6
3	8	6	5	9	4	7	1	2
2	4	1	7	6	8	9	5	3

Puzzle 107

6	8	3	1	2	7	4	5	9
1	2	9	8	5	4	7	3	6
4	5	7	9	6	3	1	2	8
7	4	6	2	8	1	5	9	3
5	9	8	7	3	6	2	1	4
3	1	2	4	9	5	6	8	7
9	7	5	6	1	8	3	4	2
2	3	4	5	7	9	8	6	1
8	6	1	3	4	2	9	7	5

Puzzle 108

7	5	3	1	6	2	4	8	9
9	6	8	5	4	3	2	1	7
1	4	2	9	7	8	6	3	5
2	3	9	7	5	6	1	4	8
6	1	7	3	8	4	5	9	2
4	8	5	2	9	1	3	7	6
3	9	1	8	2	5	7	6	4
5	7	4	6	1	9	8	2	3
8	2	6	4	3	7	9	5	1

Puzzle 109

3	7	8	9	2	5	6	4	1
4	2	6	7	1	8	5	9	3
5	9	1	6	4	3	2	7	8
8	4	7	1	5	9	3	2	6
9	5	3	2	7	6	1	8	4
6	1	2	8	3	4	9	5	7
1	8	9	5	6	7	4	3	2
7	6	4	3	9	2	8	1	5
2	3	5	4	8	1	7	6	9

Puzzle 110

2	6	3	1	5	8	7	4	9
7	9	4	3	2	6	1	5	8
8	5	1	4	7	9	2	3	6
9	4	5	6	1	7	3	8	2
3	8	2	9	4	5	6	7	1
1	7	6	8	3	2	4	9	5
6	2	7	5	9	4	8	1	3
5	3	8	7	6	1	9	2	4
4	1	9	2	8	3	5	6	7

Puzzle 111

3	4	2	7	8	5	6	1	9
1	9	5	6	4	2	8	3	7
6	8	7	1	9	3	4	2	5
5	7	9	4	6	1	2	8	3
8	3	4	2	7	9	5	6	1
2	1	6	5	3	8	9	7	4
7	5	1	9	2	6	3	4	8
4	2	8	3	5	7	1	9	6
9	6	3	8	1	4	7	5	2

Puzzle 112

5	2	9	3	8	6	4	7	1
4	6	8	5	7	1	2	9	3
1	3	7	9	2	4	6	8	5
8	9	3	7	5	2	1	4	6
6	4	2	1	9	8	5	3	7
7	5	1	6	4	3	9	2	8
9	8	5	4	6	7	3	1	2
2	1	6	8	3	9	7	5	4
3	7	4	2	1	5	8	6	9

Puzzle 113

1	2	4	3	6	8	5	9	7
7	6	8	5	9	2	3	4	1
5	9	3	4	7	1	6	2	8
6	3	5	1	4	7	9	8	2
8	4	9	6	2	3	1	7	5
2	7	1	9	8	5	4	6	3
3	8	6	7	5	4	2	1	9
4	5	7	2	1	9	8	3	6
9	1	2	8	3	6	7	5	4

Puzzle 114

8	1	4	5	9	7	2	3	6
9	2	7	3	6	8	5	1	4
3	5	6	4	2	1	8	9	7
5	3	9	2	7	6	4	8	1
2	4	8	9	1	3	7	6	5
7	6	1	8	4	5	3	2	9
6	8	2	7	5	9	1	4	3
4	9	5	1	3	2	6	7	8
1	7	3	6	8	4	9	5	2

Puzzle 115

3	1	6	7	5	8	4	2	9
9	8	4	6	1	2	7	3	5
5	7	2	9	3	4	6	1	8
1	4	5	2	7	6	8	9	3
2	6	3	1	8	9	5	4	7
8	9	7	3	4	5	2	6	1
6	3	8	4	9	7	1	5	2
4	5	1	8	2	3	9	7	6
7	2	9	5	6	1	3	8	4

Puzzle 116

1	8	3	7	4	5	9	2	6
2	4	9	6	3	8	1	7	5
6	7	5	2	1	9	3	4	8
4	5	6	9	2	3	8	1	7
7	1	8	4	5	6	2	3	9
9	3	2	8	7	1	5	6	4
3	6	1	5	8	4	7	9	2
5	2	4	3	9	7	6	8	1
8	9	7	1	6	2	4	5	3

Puzzle 117

2	9	6	8	4	3	1	7	5
8	5	4	7	1	2	9	3	6
1	3	7	9	5	6	4	2	8
3	6	8	1	7	9	5	4	2
4	7	9	3	2	5	8	6	1
5	2	1	4	6	8	3	9	7
9	1	3	6	8	7	2	5	4
7	4	5	2	3	1	6	8	9
6	8	2	5	9	4	7	1	3

Puzzle 118

1	5	3	7	8	4	9	6	2
4	9	6	1	3	2	7	8	5
7	8	2	5	6	9	1	3	4
6	2	5	4	9	1	3	7	8
3	4	7	6	2	8	5	1	9
9	1	8	3	7	5	2	4	6
5	3	1	9	4	6	8	2	7
2	7	4	8	5	3	6	9	1
8	6	9	2	1	7	4	5	3

Puzzle 119

9	6	7	2	1	3	4	5	8
3	1	8	4	5	9	6	2	7
4	2	5	6	8	7	3	9	1
7	9	1	5	2	6	8	4	3
5	4	3	8	7	1	9	6	2
2	8	6	3	9	4	1	7	5
1	5	4	9	3	2	7	8	6
6	3	2	7	4	8	5	1	9
8	7	9	1	6	5	2	3	4

Puzzle 120

7	9	2	5	1	4	3	6	8
8	6	5	3	9	2	7	1	4
3	4	1	7	6	8	9	2	5
2	3	4	9	8	5	1	7	6
9	5	6	1	7	3	8	4	2
1	7	8	2	4	6	5	9	3
4	2	9	8	3	1	6	5	7
6	8	7	4	5	9	2	3	1
5	1	3	6	2	7	4	8	9

Puzzle 121

7	2	4	5	6	1	3	8	9
8	3	1	9	7	4	6	5	2
6	5	9	2	8	3	7	1	4
3	8	2	6	4	5	9	7	1
4	9	7	8	1	2	5	6	3
5	1	6	7	3	9	2	4	8
1	6	8	3	2	7	4	9	5
9	4	3	1	5	6	8	2	7
2	7	5	4	9	8	1	3	6

Puzzle 122

2	6	3	8	4	9	1	7	5
5	7	1	3	2	6	8	9	4
9	4	8	5	7	1	3	2	6
6	8	4	7	5	2	9	1	3
1	9	7	6	3	8	4	5	2
3	5	2	1	9	4	6	8	7
4	3	9	2	8	5	7	6	1
7	2	6	9	1	3	5	4	8
8	1	5	4	6	7	2	3	9

Puzzle 123

7	3	9	4	8	5	1	2	6
8	2	4	1	9	6	5	7	3
6	5	1	2	3	7	8	4	9
5	7	2	3	6	8	9	1	4
4	1	3	5	2	9	6	8	7
9	8	6	7	4	1	3	5	2
3	4	8	6	5	2	7	9	1
1	6	5	9	7	4	2	3	8
2	9	7	8	1	3	4	6	5

Puzzle 124

4	9	2	3	1	8	7	5	6
3	5	6	9	7	2	1	4	8
7	1	8	4	6	5	9	2	3
8	3	9	7	2	1	5	6	4
5	6	4	8	9	3	2	1	7
2	7	1	6	5	4	3	8	9
6	8	5	2	3	7	4	9	1
1	4	7	5	8	9	6	3	2
9	2	3	1	4	6	8	7	5

Puzzle 125

7	4	8	1	3	2	9	6	5
3	6	9	4	8	5	1	2	7
5	2	1	9	7	6	3	8	4
1	9	6	5	4	7	8	3	2
4	3	2	8	9	1	5	7	6
8	7	5	2	6	3	4	9	1
6	1	7	3	5	9	2	4	8
2	8	3	7	1	4	6	5	9
9	5	4	6	2	8	7	1	3

Puzzle 126

9	3	4	7	1	6	8	5	2
5	2	7	8	9	3	6	4	1
8	1	6	2	5	4	3	7	9
7	5	8	4	2	9	1	3	6
6	4	1	3	8	5	9	2	7
2	9	3	6	7	1	5	8	4
3	7	2	1	6	8	4	9	5
4	6	5	9	3	7	2	1	8
1	8	9	5	4	2	7	6	3

Puzzle 127

7	8	4	6	5	2	9	1	3
3	9	1	4	8	7	5	6	2
2	6	5	3	1	9	4	8	7
9	5	7	1	6	8	3	2	4
4	1	2	7	3	5	8	9	6
6	3	8	2	9	4	7	5	1
1	4	9	8	7	6	2	3	5
5	2	3	9	4	1	6	7	8
8	7	6	5	2	3	1	4	9

Puzzle 128

5	2	8	1	4	7	9	6	3
6	9	4	8	3	2	1	7	5
3	7	1	6	9	5	4	8	2
2	8	9	5	7	3	6	1	4
7	3	6	2	1	4	5	9	8
1	4	5	9	6	8	3	2	7
8	1	2	4	5	6	7	3	9
9	5	3	7	8	1	2	4	6
4	6	7	3	2	9	8	5	1

Puzzle 129

5	9	4	1	7	3	2	6	8
1	8	6	2	9	5	7	3	4
7	2	3	8	6	4	9	5	1
6	3	1	7	4	9	8	2	5
9	5	8	6	2	1	4	7	3
4	7	2	5	3	8	1	9	6
3	6	9	4	1	7	5	8	2
8	1	7	3	5	2	6	4	9
2	4	5	9	8	6	3	1	7

Puzzle 130

3	8	6	4	9	7	5	1	2
1	5	9	3	6	2	7	4	8
4	7	2	1	8	5	6	3	9
9	4	8	6	2	3	1	7	5
7	3	1	9	5	4	2	8	6
2	6	5	7	1	8	4	9	3
6	1	3	2	4	9	8	5	7
5	2	7	8	3	1	9	6	4
8	9	4	5	7	6	3	2	1

Puzzle 131

2	7	4	8	6	9	5	1	3
5	1	9	2	3	4	8	7	6
6	3	8	5	7	1	4	2	9
1	6	2	7	4	8	3	9	5
3	8	5	9	2	6	7	4	1
9	4	7	1	5	3	2	6	8
4	9	3	6	8	2	1	5	7
7	2	1	3	9	5	6	8	4
8	5	6	4	1	7	9	3	2

Puzzle 132

9	3	5	4	7	2	8	6	1
7	6	2	8	1	3	4	5	9
1	4	8	9	5	6	3	7	2
4	5	9	1	8	7	6	2	3
8	7	3	6	2	5	1	9	4
6	2	1	3	4	9	5	8	7
5	9	4	7	3	8	2	1	6
2	1	6	5	9	4	7	3	8
3	8	7	2	6	1	9	4	5

Puzzle 133

6	3	5	9	4	8	2	1	7
9	7	2	1	5	3	6	4	8
4	8	1	2	7	6	9	5	3
7	4	9	8	2	1	3	6	5
1	6	3	4	9	5	7	8	2
5	2	8	3	6	7	1	9	4
3	5	6	7	8	9	4	2	1
2	9	7	5	1	4	8	3	6
8	1	4	6	3	2	5	7	9

Puzzle 134

4	5	8	7	9	1	2	6	3
3	9	6	4	2	5	8	7	1
2	1	7	6	8	3	5	4	9
1	7	3	9	4	8	6	2	5
9	8	2	5	6	7	1	3	4
5	6	4	1	3	2	9	8	7
6	2	9	3	1	4	7	5	8
8	3	5	2	7	9	4	1	6
7	4	1	8	5	6	3	9	2

Puzzle 135

4	5	2	8	6	3	1	9	7
1	7	6	2	5	9	8	3	4
9	8	3	7	4	1	2	6	5
7	4	5	6	1	2	9	8	3
3	1	9	4	8	7	5	2	6
6	2	8	9	3	5	4	7	1
2	9	4	1	7	6	3	5	8
8	3	7	5	9	4	6	1	2
5	6	1	3	2	8	7	4	9

Puzzle 136

2	8	6	1	5	3	7	4	9
5	1	4	7	9	2	8	3	6
7	3	9	8	4	6	1	5	2
8	4	1	9	2	5	6	7	3
9	7	3	6	8	1	4	2	5
6	5	2	4	3	7	9	1	8
1	6	5	3	7	9	2	8	4
4	2	7	5	6	8	3	9	1
3	9	8	2	1	4	5	6	7

Puzzle 137

2	7	4	5	3	1	8	9	6
8	9	3	6	7	4	5	2	1
1	5	6	8	2	9	3	7	4
5	8	9	1	4	3	2	6	7
4	2	7	9	6	5	1	8	3
3	6	1	2	8	7	9	4	5
9	1	8	7	5	6	4	3	2
7	4	2	3	1	8	6	5	9
6	3	5	4	9	2	7	1	8

Puzzle 138

1	7	5	3	9	6	4	2	8
2	8	9	7	5	4	1	3	6
6	4	3	2	1	8	9	5	7
3	2	4	9	6	7	5	8	1
5	9	8	4	2	1	7	6	3
7	1	6	5	8	3	2	9	4
9	6	7	8	4	5	3	1	2
4	5	1	6	3	2	8	7	9
8	3	2	1	7	9	6	4	5

Puzzle 139

3	9	1	6	5	8	7	4	2
4	6	2	1	9	7	8	5	3
8	5	7	4	3	2	9	1	6
9	3	4	2	7	5	1	6	8
6	7	8	3	1	4	2	9	5
2	1	5	9	8	6	3	7	4
1	4	6	8	2	9	5	3	7
7	8	3	5	4	1	6	2	9
5	2	9	7	6	3	4	8	1

Puzzle 140

6	8	3	2	7	4	1	9	5
2	7	5	9	1	6	4	8	3
9	1	4	3	8	5	2	7	6
8	4	1	6	2	7	5	3	9
3	9	7	5	4	1	6	2	8
5	6	2	8	9	3	7	4	1
7	5	8	4	6	9	3	1	2
1	2	6	7	3	8	9	5	4
4	3	9	1	5	2	8	6	7

Puzzle 141

6	5	4	1	8	7	9	2	3
8	1	9	6	3	2	5	7	4
3	2	7	9	5	4	6	1	8
1	8	6	7	2	3	4	9	5
9	4	2	5	6	1	8	3	7
7	3	5	8	4	9	1	6	2
5	7	8	3	9	6	2	4	1
4	9	3	2	1	5	7	8	6
2	6	1	4	7	8	3	5	9

Puzzle 142

9	1	2	3	5	4	6	7	8
6	8	4	2	7	9	3	1	5
7	3	5	1	8	6	2	4	9
5	7	6	9	3	8	4	2	1
1	4	8	5	6	2	7	9	3
2	9	3	4	1	7	5	8	6
4	6	1	8	2	3	9	5	7
3	5	9	7	4	1	8	6	2
8	2	7	6	9	5	1	3	4

Puzzle 143

6	1	5	4	2	9	3	8	7
3	9	8	6	5	7	2	1	4
7	2	4	3	8	1	9	5	6
4	7	6	8	1	2	5	9	3
5	3	1	9	4	6	8	7	2
2	8	9	7	3	5	4	6	1
1	6	3	5	9	4	7	2	8
9	4	7	2	6	8	1	3	5
8	5	2	1	7	3	6	4	9

Puzzle 144

9	8	1	6	4	5	2	3	7
2	5	7	9	8	3	6	1	4
4	3	6	1	2	7	8	5	9
3	7	2	8	6	4	1	9	5
1	4	9	7	5	2	3	8	6
8	6	5	3	1	9	4	7	2
7	9	8	4	3	6	5	2	1
6	2	3	5	7	1	9	4	8
5	1	4	2	9	8	7	6	3

Puzzle 145

8	9	7	6	2	3	1	4	5
3	6	5	1	9	4	2	7	8
1	4	2	8	5	7	3	6	9
6	8	4	9	1	2	5	3	7
7	1	3	4	6	5	8	9	2
2	5	9	3	7	8	6	1	4
5	3	6	2	4	9	7	8	1
4	7	8	5	3	1	9	2	6
9	2	1	7	8	6	4	5	3

Puzzle 146

2	1	7	5	9	4	8	3	6
8	3	9	7	6	1	5	4	2
4	6	5	3	2	8	1	9	7
6	8	2	4	7	3	9	1	5
5	9	4	1	8	6	7	2	3
3	7	1	9	5	2	6	8	4
1	5	6	2	4	9	3	7	8
7	4	3	8	1	5	2	6	9
9	2	8	6	3	7	4	5	1

Puzzle 147

6	5	2	3	1	8	9	4	7
9	1	4	5	2	7	6	8	3
7	3	8	6	4	9	5	2	1
2	7	1	9	3	4	8	5	6
4	8	5	7	6	1	2	3	9
3	9	6	2	8	5	7	1	4
1	4	7	8	9	2	3	6	5
5	2	3	1	7	6	4	9	8
8	6	9	4	5	3	1	7	2

Puzzle 148

5	2	4	3	7	9	1	6	8
7	6	3	8	1	4	2	9	5
1	9	8	5	6	2	3	7	4
2	5	9	4	8	1	6	3	7
8	4	7	6	2	3	5	1	9
3	1	6	7	9	5	4	8	2
6	7	2	1	5	8	9	4	3
9	3	1	2	4	7	8	5	6
4	8	5	9	3	6	7	2	1

Puzzle 149

9	7	3	8	2	5	6	1	4
1	6	2	3	4	7	8	5	9
8	4	5	1	6	9	7	2	3
7	9	8	2	5	1	4	3	6
2	1	4	6	8	3	5	9	7
5	3	6	9	7	4	1	8	2
3	5	7	4	9	8	2	6	1
4	2	9	5	1	6	3	7	8
6	8	1	7	3	2	9	4	5

Puzzle 150

7	9	6	1	3	2	4	8	5
5	8	4	6	7	9	3	1	2
2	1	3	4	8	5	7	9	6
6	2	7	3	9	8	1	5	4
4	3	9	5	1	7	6	2	8
1	5	8	2	6	4	9	3	7
8	4	1	9	5	6	2	7	3
9	7	2	8	4	3	5	6	1
3	6	5	7	2	1	8	4	9

Puzzle 151

9	6	2	7	8	1	3	4	5
5	3	8	4	9	6	1	7	2
1	4	7	3	5	2	6	8	9
4	5	6	9	2	8	7	3	1
8	7	9	1	3	5	2	6	4
2	1	3	6	7	4	9	5	8
7	9	4	5	1	3	8	2	6
3	2	5	8	6	9	4	1	7
6	8	1	2	4	7	5	9	3

Puzzle 152

7	9	2	3	1	5	6	8	4
8	4	6	7	2	9	1	5	3
3	1	5	4	6	8	7	9	2
2	3	8	5	4	1	9	6	7
6	5	9	8	7	3	2	4	1
1	7	4	6	9	2	8	3	5
5	6	3	1	8	7	4	2	9
4	2	1	9	5	6	3	7	8
9	8	7	2	3	4	5	1	6

Puzzle 153

1	9	2	5	6	4	3	8	7
6	8	4	3	2	7	1	9	5
7	5	3	9	8	1	6	4	2
4	6	9	8	5	3	7	2	1
3	7	1	2	4	9	5	6	8
5	2	8	7	1	6	4	3	9
2	3	7	4	9	5	8	1	6
8	1	5	6	3	2	9	7	4
9	4	6	1	7	8	2	5	3

Puzzle 154

3	2	7	5	4	1	6	8	9
4	1	6	9	8	2	3	7	5
8	9	5	6	7	3	1	2	4
2	6	1	8	5	7	9	4	3
7	8	4	3	6	9	5	1	2
5	3	9	2	1	4	7	6	8
1	4	3	7	9	8	2	5	6
6	7	2	4	3	5	8	9	1
9	5	8	1	2	6	4	3	7

Puzzle 155

9	8	7	4	1	3	5	2	6
5	3	2	7	6	9	1	4	8
1	4	6	8	2	5	3	7	9
7	2	9	3	4	8	6	5	1
3	6	5	9	7	1	4	8	2
8	1	4	2	5	6	9	3	7
4	9	1	5	8	7	2	6	3
6	5	8	1	3	2	7	9	4
2	7	3	6	9	4	8	1	5

Puzzle 156

9	6	3	1	4	7	5	8	2
8	7	2	3	5	9	6	4	1
1	4	5	6	8	2	9	7	3
2	5	9	7	3	8	4	1	6
4	3	7	5	1	6	2	9	8
6	8	1	9	2	4	3	5	7
7	2	6	8	9	5	1	3	4
5	1	4	2	7	3	8	6	9
3	9	8	4	6	1	7	2	5

Puzzle 157

6	5	7	2	8	3	4	9	1
4	8	9	5	6	1	3	7	2
3	1	2	7	9	4	8	5	6
9	4	6	3	2	5	1	8	7
8	7	1	9	4	6	2	3	5
5	2	3	1	7	8	6	4	9
7	9	8	4	1	2	5	6	3
2	6	5	8	3	9	7	1	4
1	3	4	6	5	7	9	2	8

Puzzle 158

6	1	4	2	7	3	9	8	5
8	3	9	6	5	4	2	1	7
7	5	2	1	8	9	3	4	6
4	8	3	5	6	2	7	9	1
1	7	5	9	4	8	6	3	2
2	9	6	7	3	1	4	5	8
9	2	8	4	1	7	5	6	3
3	6	7	8	9	5	1	2	4
5	4	1	3	2	6	8	7	9

Puzzle 159

6	8	2	7	9	5	4	3	1
3	1	4	6	8	2	5	7	9
5	7	9	4	1	3	6	2	8
8	6	3	1	7	4	2	9	5
9	2	1	5	6	8	7	4	3
7	4	5	2	3	9	8	1	6
1	5	8	9	2	7	3	6	4
2	3	6	8	4	1	9	5	7
4	9	7	3	5	6	1	8	2

Puzzle 160

2	4	1	6	5	7	8	9	3
6	9	3	1	8	4	2	7	5
7	8	5	9	2	3	6	1	4
3	7	9	4	6	8	1	5	2
8	5	2	3	1	9	4	6	7
4	1	6	5	7	2	3	8	9
5	6	7	2	3	1	9	4	8
9	2	8	7	4	6	5	3	1
1	3	4	8	9	5	7	2	6

Puzzle 161

2	8	9	7	3	1	5	4	6
4	6	7	2	5	8	9	3	1
3	5	1	9	4	6	2	8	7
5	1	3	4	8	2	7	6	9
7	9	2	6	1	3	8	5	4
6	4	8	5	9	7	3	1	2
9	2	5	8	6	4	1	7	3
1	7	6	3	2	5	4	9	8
8	3	4	1	7	9	6	2	5

Puzzle 162

8	3	4	9	7	5	1	6	2
7	6	9	1	3	2	8	5	4
2	1	5	8	4	6	9	7	3
3	4	8	6	1	7	2	9	5
9	7	2	5	8	4	3	1	6
1	5	6	3	2	9	4	8	7
5	2	3	7	9	8	6	4	1
6	8	1	4	5	3	7	2	9
4	9	7	2	6	1	5	3	8

Puzzle 163

5	8	1	3	7	2	9	6	4
9	7	4	5	6	8	1	3	2
2	6	3	1	4	9	8	7	5
8	1	7	9	5	3	2	4	6
4	2	6	8	1	7	3	5	9
3	9	5	4	2	6	7	8	1
7	4	9	6	8	1	5	2	3
1	5	2	7	3	4	6	9	8
6	3	8	2	9	5	4	1	7

Puzzle 164

1	2	4	7	3	6	8	9	5
3	5	8	9	1	4	6	7	2
6	9	7	8	5	2	4	1	3
8	3	1	6	4	5	7	2	9
9	4	5	2	7	1	3	8	6
2	7	6	3	8	9	5	4	1
7	8	9	1	6	3	2	5	4
5	1	3	4	2	7	9	6	8
4	6	2	5	9	8	1	3	7

Puzzle 165

2	5	4	6	3	9	1	7	8
9	8	6	7	4	1	5	3	2
1	3	7	8	2	5	4	9	6
6	1	5	3	9	4	8	2	7
7	9	2	1	5	8	6	4	3
3	4	8	2	6	7	9	1	5
8	6	1	9	7	2	3	5	4
5	7	3	4	1	6	2	8	9
4	2	9	5	8	3	7	6	1

Puzzle 166

3	7	1	8	5	6	9	2	4
4	9	5	2	1	7	3	6	8
6	2	8	4	3	9	1	5	7
9	4	6	7	2	1	5	8	3
5	8	7	6	4	3	2	1	9
1	3	2	5	9	8	4	7	6
7	5	9	1	8	4	6	3	2
2	6	3	9	7	5	8	4	1
8	1	4	3	6	2	7	9	5

Puzzle 167

9	7	5	8	2	1	3	4	6
6	3	2	4	5	7	1	8	9
4	1	8	3	6	9	5	7	2
2	6	1	5	4	3	8	9	7
8	5	4	9	7	2	6	3	1
7	9	3	1	8	6	4	2	5
3	4	9	7	1	5	2	6	8
1	2	7	6	3	8	9	5	4
5	8	6	2	9	4	7	1	3

Puzzle 168

8	5	9	7	1	2	3	6	4
7	3	2	5	4	6	8	9	1
1	6	4	9	8	3	2	7	5
3	7	1	8	9	5	6	4	2
4	2	6	1	3	7	5	8	9
9	8	5	2	6	4	1	3	7
2	9	3	6	7	1	4	5	8
5	4	8	3	2	9	7	1	6
6	1	7	4	5	8	9	2	3

Puzzle 169

6	7	8	4	5	2	1	3	9
9	5	2	8	3	1	7	6	4
4	3	1	7	9	6	5	8	2
3	2	4	6	1	9	8	7	5
5	8	6	2	7	4	9	1	3
7	1	9	3	8	5	4	2	6
1	6	5	9	2	8	3	4	7
2	9	7	1	4	3	6	5	8
8	4	3	5	6	7	2	9	1

Puzzle 170

2	5	3	8	7	6	4	1	9
7	9	6	3	4	1	8	2	5
1	4	8	9	5	2	7	6	3
6	2	9	4	3	5	1	8	7
8	7	5	2	1	9	3	4	6
4	3	1	7	6	8	5	9	2
5	1	4	6	2	3	9	7	8
9	6	7	5	8	4	2	3	1
3	8	2	1	9	7	6	5	4

Puzzle 171

1	7	9	3	5	4	8	2	6
8	2	6	9	7	1	3	4	5
4	5	3	6	2	8	1	7	9
2	3	4	5	8	9	7	6	1
9	1	8	4	6	7	5	3	2
7	6	5	2	1	3	9	8	4
3	9	7	1	4	2	6	5	8
6	4	1	8	3	5	2	9	7
5	8	2	7	9	6	4	1	3

Puzzle 172

6	7	5	9	3	4	8	2	1
9	1	2	8	6	5	4	3	7
4	3	8	2	7	1	9	5	6
1	8	3	6	9	7	2	4	5
2	6	4	5	8	3	7	1	9
5	9	7	4	1	2	6	8	3
8	2	9	1	5	6	3	7	4
3	4	1	7	2	9	5	6	8
7	5	6	3	4	8	1	9	2

Puzzle 173

4	3	1	9	6	2	5	7	8
2	5	7	3	8	4	1	9	6
6	8	9	1	7	5	4	3	2
7	2	4	5	9	3	8	6	1
3	6	8	7	4	1	9	2	5
1	9	5	8	2	6	7	4	3
9	4	3	2	5	8	6	1	7
8	1	6	4	3	7	2	5	9
5	7	2	6	1	9	3	8	4

Puzzle 174

2	7	6	3	5	9	1	8	4
5	3	4	2	8	1	7	9	6
9	8	1	4	6	7	2	3	5
8	9	3	5	2	6	4	1	7
4	1	5	9	7	8	6	2	3
6	2	7	1	4	3	9	5	8
7	6	9	8	3	2	5	4	1
3	4	2	7	1	5	8	6	9
1	5	8	6	9	4	3	7	2

Puzzle 175

3	5	4	6	2	7	1	9	8
1	6	8	9	4	3	5	2	7
2	7	9	1	5	8	3	6	4
9	4	6	8	1	2	7	3	5
5	2	3	4	7	9	8	1	6
7	8	1	3	6	5	9	4	2
8	9	5	2	3	6	4	7	1
4	3	2	7	8	1	6	5	9
6	1	7	5	9	4	2	8	3

Puzzle 176

7	8	9	3	6	2	4	1	5
1	3	2	4	5	7	6	8	9
5	6	4	1	9	8	3	7	2
9	5	6	2	3	1	8	4	7
4	7	3	5	8	6	9	2	1
8	2	1	9	7	4	5	3	6
3	9	7	8	1	5	2	6	4
6	4	8	7	2	9	1	5	3
2	1	5	6	4	3	7	9	8

Puzzle 177

2	3	7	6	5	1	8	4	9
9	1	8	4	7	2	5	6	3
4	6	5	9	3	8	7	1	2
6	8	3	1	9	7	2	5	4
1	5	4	8	2	3	9	7	6
7	2	9	5	6	4	3	8	1
3	4	2	7	8	6	1	9	5
5	7	1	2	4	9	6	3	8
8	9	6	3	1	5	4	2	7

Puzzle 178

7	8	6	4	1	9	2	5	3
2	3	1	6	8	5	9	7	4
5	4	9	3	2	7	8	6	1
1	5	8	9	6	3	4	2	7
3	7	2	8	4	1	5	9	6
6	9	4	7	5	2	1	3	8
9	1	3	5	7	8	6	4	2
4	2	7	1	9	6	3	8	5
8	6	5	2	3	4	7	1	9

Puzzle 179

1	3	2	7	9	6	8	5	4
4	8	7	5	3	2	9	1	6
9	5	6	4	8	1	2	7	3
3	4	5	8	1	7	6	2	9
6	1	8	9	2	5	3	4	7
7	2	9	3	6	4	5	8	1
5	7	3	2	4	9	1	6	8
8	6	4	1	5	3	7	9	2
2	9	1	6	7	8	4	3	5

Puzzle 180

8	4	3	5	9	6	7	2	1
9	1	5	3	7	2	4	8	6
6	7	2	4	8	1	9	5	3
4	9	8	7	1	5	3	6	2
2	6	1	9	3	4	8	7	5
3	5	7	2	6	8	1	4	9
5	2	9	1	4	7	6	3	8
7	3	6	8	5	9	2	1	4
1	8	4	6	2	3	5	9	7

Puzzle 181

6	8	2	7	9	4	1	5	3
1	3	9	8	5	2	6	7	4
5	7	4	3	6	1	9	2	8
9	4	3	5	2	6	8	1	7
2	1	5	9	8	7	3	4	6
8	6	7	4	1	3	2	9	5
7	5	6	2	3	9	4	8	1
4	9	1	6	7	8	5	3	2
3	2	8	1	4	5	7	6	9

Puzzle 182

2	8	6	7	1	5	3	9	4
7	3	4	2	9	8	6	5	1
1	5	9	4	3	6	8	2	7
6	7	3	8	2	1	5	4	9
5	1	8	6	4	9	7	3	2
9	4	2	5	7	3	1	8	6
4	9	5	1	8	7	2	6	3
3	6	7	9	5	2	4	1	8
8	2	1	3	6	4	9	7	5

Puzzle 183

4	1	8	6	7	3	5	2	9
2	5	3	9	4	8	6	7	1
7	9	6	2	1	5	4	8	3
3	8	1	4	2	7	9	6	5
6	7	9	5	3	1	8	4	2
5	2	4	8	6	9	3	1	7
8	4	5	7	9	2	1	3	6
1	6	2	3	5	4	7	9	8
9	3	7	1	8	6	2	5	4

Puzzle 184

7	5	1	6	2	4	9	3	8
8	3	4	9	7	5	2	6	1
9	2	6	3	1	8	5	7	4
1	4	9	5	3	7	8	2	6
6	7	2	8	9	1	3	4	5
5	8	3	2	4	6	7	1	9
2	1	5	4	8	3	6	9	7
3	6	7	1	5	9	4	8	2
4	9	8	7	6	2	1	5	3

Puzzle 185

3	7	4	8	5	6	2	9	1
6	1	9	4	3	2	7	5	8
8	5	2	9	1	7	3	4	6
4	3	6	5	2	1	9	8	7
5	9	1	3	7	8	6	2	4
7	2	8	6	9	4	1	3	5
2	4	3	7	6	5	8	1	9
1	8	7	2	4	9	5	6	3
9	6	5	1	8	3	4	7	2

Puzzle 186

6	7	9	2	8	4	1	5	3
4	5	3	1	6	7	9	8	2
1	8	2	9	3	5	6	4	7
7	3	1	5	4	6	2	9	8
2	9	8	7	1	3	5	6	4
5	6	4	8	2	9	3	7	1
8	1	6	4	5	2	7	3	9
3	2	7	6	9	8	4	1	5
9	4	5	3	7	1	8	2	6

Puzzle 187

7	9	1	2	6	8	5	3	4
6	2	5	3	4	9	1	7	8
8	3	4	1	7	5	6	2	9
3	8	9	5	2	7	4	6	1
1	4	7	9	3	6	8	5	2
5	6	2	8	1	4	3	9	7
4	5	6	7	8	2	9	1	3
2	1	8	6	9	3	7	4	5
9	7	3	4	5	1	2	8	6

Puzzle 188

1	9	2	6	4	5	3	7	8
6	3	8	2	7	1	9	4	5
7	5	4	9	3	8	1	2	6
4	8	6	3	5	7	2	1	9
5	2	1	8	9	4	6	3	7
3	7	9	1	2	6	5	8	4
2	4	3	7	6	9	8	5	1
9	1	5	4	8	2	7	6	3
8	6	7	5	1	3	4	9	2

Puzzle 189

8	3	5	2	1	4	9	7	6
6	9	1	7	3	5	4	8	2
2	7	4	6	8	9	1	3	5
7	5	8	9	4	3	6	2	1
3	1	2	5	6	8	7	4	9
4	6	9	1	7	2	3	5	8
5	2	7	4	9	1	8	6	3
1	8	6	3	5	7	2	9	4
9	4	3	8	2	6	5	1	7

Puzzle 190

6	2	3	5	7	8	1	9	4
1	8	9	6	4	3	5	7	2
4	7	5	9	2	1	3	6	8
3	4	1	7	8	2	6	5	9
8	9	6	3	5	4	2	1	7
7	5	2	1	9	6	4	8	3
5	6	8	2	3	9	7	4	1
2	1	4	8	6	7	9	3	5
9	3	7	4	1	5	8	2	6

Puzzle 191

7	1	3	6	9	2	8	4	5
8	5	4	3	1	7	9	6	2
6	2	9	5	4	8	3	7	1
1	3	6	8	5	4	7	2	9
5	9	2	7	6	3	1	8	4
4	7	8	9	2	1	6	5	3
9	6	1	4	8	5	2	3	7
3	8	5	2	7	9	4	1	6
2	4	7	1	3	6	5	9	8

Puzzle 192

6	8	1	3	7	5	9	4	2
7	9	4	2	6	1	8	5	3
3	2	5	9	8	4	1	6	7
8	3	2	6	9	7	5	1	4
1	5	9	4	3	2	7	8	6
4	6	7	5	1	8	2	3	9
9	1	6	7	5	3	4	2	8
2	7	8	1	4	6	3	9	5
5	4	3	8	2	9	6	7	1

Puzzle 193

9	4	7	1	6	8	2	3	5
5	2	1	7	9	3	8	4	6
8	3	6	2	5	4	7	1	9
2	8	9	3	1	6	4	5	7
7	5	3	9	4	2	6	8	1
6	1	4	5	8	7	3	9	2
1	7	8	6	3	5	9	2	4
4	9	2	8	7	1	5	6	3
3	6	5	4	2	9	1	7	8

Puzzle 194

4	8	7	2	5	3	6	9	1
1	3	9	6	4	8	5	2	7
2	5	6	7	1	9	4	3	8
6	1	3	8	9	7	2	5	4
9	2	8	4	6	5	1	7	3
7	4	5	3	2	1	9	8	6
5	7	4	1	3	2	8	6	9
8	6	2	9	7	4	3	1	5
3	9	1	5	8	6	7	4	2

Puzzle 195

3	7	4	1	5	2	8	6	9
2	5	6	9	3	8	7	4	1
9	8	1	4	7	6	3	2	5
7	6	3	5	9	4	1	8	2
4	9	8	2	1	7	6	5	3
5	1	2	6	8	3	4	9	7
6	3	9	7	4	5	2	1	8
1	2	7	8	6	9	5	3	4
8	4	5	3	2	1	9	7	6

Puzzle 196

7	6	2	1	3	8	5	4	9
1	8	9	7	4	5	3	6	2
3	5	4	2	6	9	8	7	1
2	9	1	6	8	7	4	3	5
6	3	5	9	1	4	2	8	7
4	7	8	5	2	3	9	1	6
8	1	6	4	9	2	7	5	3
5	2	3	8	7	6	1	9	4
9	4	7	3	5	1	6	2	8

Puzzle 197

3	2	4	5	1	7	8	6	9
6	8	9	4	3	2	5	7	1
5	1	7	8	6	9	3	2	4
7	6	2	1	4	8	9	5	3
9	5	1	6	7	3	4	8	2
8	4	3	2	9	5	7	1	6
4	9	6	7	5	1	2	3	8
2	3	5	9	8	6	1	4	7
1	7	8	3	2	4	6	9	5

Puzzle 198

9	6	3	5	1	7	2	4	8
4	5	2	8	6	9	1	7	3
8	1	7	2	3	4	5	9	6
3	7	8	4	5	1	6	2	9
6	4	1	9	2	3	7	8	5
5	2	9	7	8	6	4	3	1
2	3	5	6	7	8	9	1	4
7	8	4	1	9	5	3	6	2
1	9	6	3	4	2	8	5	7

Puzzle 199

2	6	8	1	4	9	5	7	3
5	7	3	6	2	8	1	4	9
1	9	4	5	3	7	2	8	6
4	3	6	7	5	2	8	9	1
9	2	1	3	8	4	6	5	7
8	5	7	9	1	6	3	2	4
6	8	9	2	7	3	4	1	5
3	4	5	8	9	1	7	6	2
7	1	2	4	6	5	9	3	8

Puzzle 200

3	1	6	5	7	8	9	4	2
7	2	4	9	6	3	1	8	5
9	8	5	2	1	4	3	7	6
4	7	8	3	9	6	2	5	1
5	9	2	7	8	1	4	6	3
6	3	1	4	5	2	8	9	7
2	6	9	8	3	7	5	1	4
8	4	7	1	2	5	6	3	9
1	5	3	6	4	9	7	2	8

Crafts & Hobbies

0-470-08025-6 · 978-0-470-08025-2
$19.99 US · $23.99 CAN

0-7645-2571-9 · 978-0-7645-2571-1
$19.99 US · $25.99 CAN

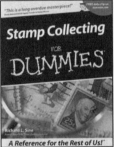

0-7645-5379-8 · 978-0-7645-5379-0
$21.99 US · $28.99 CAN

0-7645-5389-5 · 978-0-7645-5389-9
$21.99 US · $28.99 CAN

0-7645-7208-3 · 978-0-7645-7208-1
$19.99 US · $25.99 CAN

Games

0-7645-9910-0 · 978-0-7645-9910-1
$16.99 US · $21.99 CAN

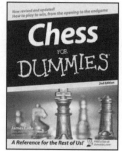

0-7645-8404-9 · 978-0-7645-8404-6
$21.99 US · $28.99 CAN

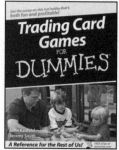

0-471-75416-1 · 978-0-471-75416-9
$19.99 US · $25.99 CAN

0-7645-8459-6 · 978-0-7645-8459-6
$19.99 US · $25.99 CAN

0-471-77180-5 · 978-0-471-77180-7
$19.99 US · $25.99 CAN

Music

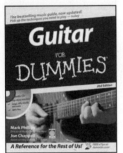

0-7645-9904-6 · 978-0-7645-9904-0
$24.99 US · $29.99 CAN

0-471-79411-2 · 978-0-471-79411-0
$24.99 US · $29.99 CAN

0-470-04894-8 · 978-0-470-04894-8
$21.99 US · $25.99 CAN

0-7645-5105-1 · 978-0-7645-5105-5
$24.99 US · $31.99 CAN

0-7645-2475-5 · 978-0-7645-2475-2
$24.99 US · $31.99 CAN

Pets

0-7645-5156-6 · 978-0-7645-5156-7
$21.99 US · $28.99 CAN

0-7645-4150-1 · 978-0-7645-4150-6
$16.99 US · $21.99 CAN

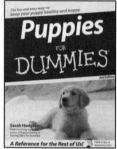

0-470-03717-2 · 978-0-470-03717-1
$19.99 US · $23.99 CAN

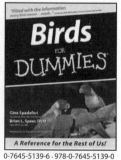

0-7645-5139-6 · 978-0-7645-5139-0
$21.99 US · $28.99 CAN

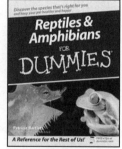

0-7645-2569-7 · 978-0-7645-2569-8
$19.99 US · $28.99 CAN

Sports

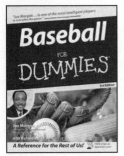

0-7645-7537-6 · 978-0-7645-7537-2
$19.99 US · $25.99 CAN

0-7645-5248-1 · 978-0-7645-5248-9
$21.99 US · $28.99 CAN

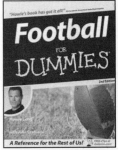

0-7645-3936-1 · 978-0-7645-3936-7
$19.99 US · $23.99 CAN

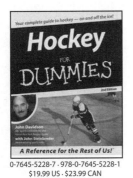

0-7645-5228-7 · 978-0-7645-5228-1
$19.99 US · $23.99 CAN

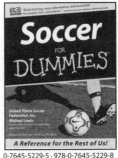

0-7645-5229-5 · 978-0-7645-5229-8
$21.99 US · $25.99 CAN